Kleine Hefte zur Denkmalpflege 16

Das »Mannsfeldische Monument«

Ein verlorenes Denkmal in seinem historischen Kontext

Hans-Joachim Krause

Landesamt für Denkmalpflege und Archäologie Sachsen-Anhalt
LANDESMUSEUM FÜR VORGESCHICHTE

Für Reinhard Schmitt und Irene Roch-Lemmer

Veröffentlichung des Landesamtes für
Denkmalpflege und Archäologie Sachsen-Anhalt
Richard-Wagner-Straße 9, 06114 Halle (Saale)
Poststelle@lda.mk.sachsen-anhalt.de
www.lda-lsa.de

Herausgeberin Elisabeth Rüber-Schütte

Redaktion Uwe Steinecke, Ralf Kluttig-Altmann
Titelbild Inschriftstein in Schloss Heldrungen,
Ausschnitt, Foto: Gunar Preuß
ISBN-Nummer 978-3-948618-37-7

© Landesamt für Denkmalpflege und
Archäologie Sachsen-Anhalt –
Landesmuseum für Vorgeschichte,
Halle (Saale) 2022

Design Marion Burbulla, Berlin
Satz und Layout Uwe Steinecke
Druck Salzland Druck, Staßfurt

Das Werk einschließlich aller seiner Teile ist urheberrechtlich geschützt. Jede Verwertung außerhalb der engen Grenzen des Urheberrechtsgesetzes ist ohne Zustimmung des Landesamtes für Denkmalpflege und Archäologie unzulässig. Dies gilt insbesondere für Vervielfältigungen, Übersetzungen, Mikroverfilmungen sowie die Einspeicherung und Verarbeitung in elektronischen Systemen.

INHALT

5   Zu dem Fragment

6   Mansfeld und der Schwanenorden

12 Wallfahrten nach Elende

13 Zur baugeschichtlichen Interpretation der Inschriften

16 Die Erbteilungen seit 1492 und ihre Folgen für das Mansfelder Baugeschehen

18 Schloss Vorderort

23 Schloss Mittelort und Schloss Seeburg

26 Schloss Hinterort

29 Veränderungen im Bereich von Schloss Vorderort

30 Der Ausbau von Heldrungen

42 Zur Aussage der Inschriften

44 Quellenangaben und Überlegungen zur Rekonstruktion des »Monuments«

49 Das gebesserte Mansfelder Wappen und seine Vorgeschichte

63 Zu den Bildnissen

71 Hans Döring

78 Summa summarum

84 Abkürzungen und abgekürzt zitierte Literatur

86 Anmerkungen

108 Anhang I

110 Anhang II

112 Abbildungen

DAS »MANNSFELDISCHE MONUMENT«

ABB. 1
Inschriftstein in Schloss Heldrungen, Gesamtansicht

ABB. 2
Heldrungen, linke Hälfte des Inschriftsteins

Die lateinische Sentenz *ex ungue leonem* – von einem vorhandenen Einzelteil ausgehend das unbekannte Ganze erschließen – umschreibt auch eine der Aufgaben der archäologischen Wissenschaften und benennt in besonderem Maße ein zentrales Anliegen der archäologischen Bauforschung, wenn die Erkundung verlorener Ganzheiten ansteht. Denn zu jedem Fund, den eine Bauuntersuchung zutage fördert, stellt sich über die Funderhebung und Datierung hinaus immer auch die Frage nach dem ursprünglichen Zusammenhang, nach seiner Einordnung in eine größere historische Gesamtheit. Ihre Beantwortung ist, von wenigen Anhaltspunkten ausgehend, mit oft schwierigen und nicht selten umständlichen Nachforschungen in unterschiedlicher Richtung verbunden. Dabei liegt es auf der Hand, dass sie nicht immer zur vollständigen Klärung des Problems führen, sondern bei einer sowohl gegenständlich als auch archivalisch ungenügenden Quellenlage oftmals nur eine Teillösung bringen.

Ein Fragment, das trotz dieser Einschränkung zur Suche nach dem verlorenen einstigen Ganzen auffordert und nach seiner Zweckbestimmung sowie Bedeutung fragen lässt, ist ein eigentümlicher Inschriftstein, der im Schloss von Heldrungen aufbewahrt wird (Abb. 1).* Wenngleich kein »Neufund« – denn er ist bereits im ausge-

ZU DEM FRAGMENT

henden 19. Jahrhundert in der Literatur erwähnt worden[1] – hat man Form und Aussage des Steins bisher nicht näher untersucht und ebenso seine Einordnung in den größeren Zusammenhang, der durch die daran angebrachten Inschriften angedeutet wird, nicht genauer ins Auge gefasst.

ZU DEM FRAGMENT

In der Forschung, die sich mit Bau und Geschichte von Schloss und Festung Heldrungen beschäftigt hat, wird der Stein einhellig in das Jahr 1528 datiert und als »Bauinschrift« angesehen, die sich auf die Bautätigkeit am Schloss unter Ernst II. Graf von Mansfeld-Vorderort bezieht.[2] Seine Ansichtsseite ziert ein qualitätvolles Relief, dessen untere Hälfte Inschriften auf Ernst II. und seine zweite Gemahlin Dorothea einnehmen. Darüber und zum Teil in die Schriftzeilen hineinragend sind zwei figürliche Darstellungen angebracht, die man aufgrund des Umrisses und der Strahlenglorien als »spätgotische Mariendarstellungen« gedeutet hat, die von tuchhaltenden Engeln flankiert werden. Die Einfassungen der Marienbilder werden als eine »Reihung balusterartiger Säulchen« beschrieben, »die durch Ketten miteinander verbunden sind und dazwischen [...] auf Maria verweisende Herzsymbole enthalten«.[3] In erster Linie durchgehend als »Quelle für das Baugeschehen« aufgefasst, ist nur einmal darüber hinaus darauf hingewiesen worden, dass zu der »Bauinschrift« »einst figürliche Darstellungen des gräflichen Paares Ernst und Dorothea gehörten« und es sich insgesamt um »Reste eines ursprünglich größeren, steinernen Bildwerkes« gehandelt habe[4] – die einzige Andeutung zu einem Sachverhalt, der im Folgenden näher zu untersuchen ist.

Die aus Kalkstein bestehende, schmalrechteckige Steinplatte besitzt eine Höhe von durchgehend 36,7 cm, eine Breite von 152,5 cm und eine ungleichmäßige Tiefe von 10 bis 12 cm. Im Unterschied zur durchgestalteten Vorderseite ist die nicht auf Sicht berechnete Rückseite nur grob behauen. Die in die Tiefe führenden schmalen Seiten des Blocks sind oben und unten sehr gleichmäßig scharriert, links und rechts dagegen mit der Fläche bearbeitet. Die dabei erzielte Glättung aller vier Seiten deutet auf einen ringsum anschließenden Werksteinverband, in den dieser Block ursprünglich eingebunden war. Und die an den Enden der Unterseite sichtbaren Schmauchspuren lassen erkennen, dass der Stein in einer Wand gesessen hat.

ABB. 3
Heldrungen, rechte Hälfte des Inschriftsteins

Die als Hauptansicht ausgebildete Vorderseite füllt ein sorgfältig ausgearbeitetes Flachrelief, das in der Oberfläche und an den Rändern beträchtliche Schäden aufweist. In der Mitte durch einen schmalen senkrechten Steg in zwei gleichgroße Hälften geteilt, zeigen beide Teile eine gleichartig gegliederte Einzelbehandlung. Die untere Hälfte nimmt jeweils eine oben und unten zart profilierte und an den Seiten eingerollte Kartusche mit einer dreizeiligen Inschrift ein:

links: EFFIGIES · ERNESTI · // COMITIS · DE · MANSFELT·/ NOBILIS · DOMINI · IN · HELDRVNGE // ANNO · AETATIS · SVE · 49/ QVI · HANC · DOMVM · DE · NOVO // DEO · ADIVVANTE · EDIFICAVIT – Bildnis des Ernst Grafen von Mansfeld, edlen Herrn zu Heldrungen, im Jahr seines Alters von 49, der dieses Haus mit Gottes Hilfe von neuem erbaut hat,

rechts: EFFIGIES · COMITISSAE // DOROTHEAE · HVIVS · ERNESTI / COMITIS · DE · MANSFELT · // VXORIS · DILECTISSIMAE · FILIAE/ GENEROSI · DOMINI · PHILLIPPI // COMITIS · DE · SOLMIS · ANNO · ETATIS – Bildnis der Gräfin Dorothea, des Ernst Grafen von Mansfeld vielgeliebte Gemahlin, Tochter des Edlen Herrn Philipp, Grafen von Solms, im Jahr ihres Alters.

Ausgeführt sind die Inschriften in einer Majuskelschrift: der Renaissance-Kapitalis. Oben und unten werden die beiden Buchstabenblöcke durch einfache, zwischen den Zeilen durch doppelte Linien begrenzt. Inhaltsbedingt haben die Inschriften eine ungleiche Länge, was zu verschiedenen epigrafischen Verkürzungen führte. In der linken Inschrift waren dafür nur einmal die Ligaturen HE und AE notwendig, in der rechten hingegen trotz der dichten Buchstabenreihung viermal das AE und dazu viermal eine Buchstabenverschränkung (IS und VS). Dennoch reichte der Platz nicht, um den Text unterzubringen: denn er ist unvollständig, da die am Schluss notwendige Jahreszahl für die Angabe des Lebensalters der Gräfin Dorothea fehlt. Und schließlich ist dem Bildhauer bei der Ausführung in zwei Fällen (bei EDIFICAVIT und FILIAE) ein Fehler unterlaufen, indem er das F fälschlich mit einem unteren Balken wie beim E wiedergegeben hat. Ausgearbeitet sind die schmalhohen Buchstaben, Worttrenner und zeilenbegrenzenden Linien dem Relief entsprechend in erhabener Form.

Die obere Hälfte der Plattenvoransicht zeigt in der linken und rechten Hälfte (Abb. 2, 3) eine figürliche Darstellung mit zwei unterschiedlich gestalteten Kindengeln, die in Dreiviertelfigur über der Kartusche wie hinter einer Balustrade stehen und ein breit ausgespanntes Ehrentuch halten. Vor diesem erscheint im Strahlenkranz eine aufgrund der Zerstörung nur schwer noch erkennbare Darstellung einer sitzenden Maria mit dem Kind auf der Mondsichel. Sie ist kreisförmig umrahmt von einer vielgliedrigen Kette, die mit einem daran befestigten Anhänger über die Kartusche hinweg bis zum unteren Plattenrand reicht und dabei in beiden Feldern die drei Schriftzeilen unterbricht. Was auf den ersten Blick wie eine lediglich dekorative Form erscheinen mag, ist in Wirklichkeit das Abzeichen einer spätmittelalterlichen, religiös motivierten und stark bruderschaftlich ausgerichteten Adelsgesellschaft, der *societas in honorem beatae Mariae virginis*, der »Gesellschaft Unserer Lieben Frau«.[5] Erst später wurde dieser ursprünglichen Bezeichnung des Ordens noch die Angabe »zum Schwan« hinzugefügt, was schließlich zu dem bis heute gebräuchlichen Begriff des »Schwanenordens« geführt hat.

MANSFELD UND DER SCHWANENORDEN

Diese Gesellschaft war 1440 von Kurfürst Friedrich II. von Brandenburg (1411–1471) zum Lobe und zu Ehren der Jungfrau Maria gegründet worden und hatte ihren Sitz bei dem Prämonstratenser-Chorherrenstift auf dem Harlunger Berg bei Brandenburg.[6] 1459 kam es durch Friedrichs Bruder, Markgraf Albrecht Achilles von Brandenburg-

MANSFELD UND DER SCHWANENORDEN

ABB. 4
»Original-Ordenszeichen der Rittergesellschaft vom Schwanen«

Ansbach (1414–1486), zur Abspaltung eines süddeutschen Zweiges mit Sitz an der Stiftskirche St. Gumbertus in Ansbach.[7] Beide Teile der Gesellschaft bestanden bis ins 16. Jahrhundert und gingen erst mit der Reformation ein.

Das Abzeichen der Gesellschaft war eine Collane (Abb. 4), deren Zusammensetzung in der Gründungsurkunde von 1440 und den Statuten von 1443 sowie im Stiftungsbrief von 1484 genau beschrieben ist.[8] Danach hing an der um den Hals getragenen

Kleine Hefte zur Denkmalpflege 16   7

DAS »MANNSFELDISCHE MONUMENT«

ABB. 5
Ordenszeichen der Collane des Schwanenordens, um 1450. Ehemals Berlin, Hohenzollern-Museum im Schloss Monbijou (verschollen)

gebildet wurde und einen Schwan mit ausgebreitetem Flug umschloss. An beiden Tuchenden hingen »fransen« in Form kleiner Kettchen. Die Glieder der Kette bestanden aus dem »Premze« genannten Folterinstrument, das aus jeweils zwei einander zugekehrten, an den Enden durch Riegel und kleine Kettenringe verbundenen Sägeleisten zusammengesetzt war, zwischen denen ein Herz gemartert wird.

Die einzelnen Elemente der Kette waren symbolisch aufgeladen. Das Bild Mariens sollte für die Gnade, Hilfe und Wohltat der Himmelskönigin stehen, die sie durch ihre Fürbitte vor Gott den Menschen gebracht habe. Um ihren »Ruhm und Dienst« zu mehren, so heißt es 1440, war diese exklusive Marienstiftung erfolgt, in der »Meinung, dass unser Herz, in Betrachtung unserer Sünde, in Bitter- und Wehtagen gleich als in einer Premse sein soll; wir auch fernerhin der Gnaden und Hülfe der Jungfrau Maria, [...] in unserm Herzen nicht vergessen«. Daran schloss die Mahnung zum Memento mori an, »dass wir endlich auch unser Ende, [...], gleich dem Schwane vorher bedenken sollen, und uns darauf vorbereiten, so dass wir in Reinheit der Unschuld« aufgefunden werden.[9]

In den erweiterten Statuten von 1443 steht in der »Auslegung vnd bedeutung der Geselschafft«, also hinsichtlich des Abzeichens, noch ausführlicher: Zur Andacht wurde ein »cleinat [Kleinod]« geschaffen, genannt »Geselschafft vnser lieben frawen. Daran vnser liebenn Frawen Bild [...] in eynem mahnn [Mond] vnd sunnen scheyne henget mit dem gruß: Gegrüßt seistu der werlde frawe« zum Zeichen und Gedenken der durch sie empfangenen Gnade. »In der geselschafft sein auch premtzen die vmb den Hals gehangen, dar Inn hertzen gepeiniget werden In meinung das wir vnseren frechen mut, eigenwillen vnd wollust zwingen, vnder der mechtgen Hand gots diemütigen vnd vnser hertzenn mit premtzen wahrer vnd rechtfertiger rawe [Reue], beicht vnd buß also kestigen [züchtigen] sollen, das wir gleich als ein weiße vmbefleckte quelen

Kette ein Kleinod mit der apokalyptischen Mariendarstellung und der Ordensdevise »Ave mv[n]di d[omi]na« auf der Mondsichel (Abb. 5). An diesem Kleinod war ein zweites, etwas größeres Medaillon angebracht, das von einem ringförmig gewundenen Tuch

ABB. 6
Collane des Schwanenordens. Nachbildung von 1887 oder früher (Staatliche Museen zu Berlin, Preußischer Kulturbesitz, Kunstgewerbemuseum)

[Leinentuch], die vmb vnser frawen bilde gewunden ist, mit vbung der zehen gebot vnsers hern, welchs die franßen an der quelen bedeuten. In eren vnd woltaet reyne vnd lauter zu yrem dienst vnd lobe vns schicken vnd so gefunden werden.« Und weil der Mensch von Jugend an zur Sünde neigt, ist angesichts »des sweren tods, den got vmb vnsern willen gelidden hat, vnd auch gedechtniß [angesichts] des bittern tods, den wir auch alle leiden mussen Darumb haben wir des in figuren den schwann vnder dem Bild vnser lieben frawen hengenn lassen,« weil »der Schwan seinen tod zuuor weis vnd beclagt, also wyste vnd sagte vnser herr seinen Tod zuuor, vns zur ahnweisung, ab wir wol die stund vnsers tods nicht wissen, vnd darumb dester sorgfeltiger [vorsorglicher bemüht] sein, So ist doch ahn zweiuel das wir alle sterblich, vnd von disser weldt scheiden mussen, alsdann zu allen zeiten [...] trost der Junckfrawen Marien ganz not ist. Darum wir sie billichen [angemessen] grussen vnd anruffen.«[10] Dieser Text zur »Einsetzung« und Bedeutung des Abzeichens ist zum Teil wörtlich, nur verkürzt auch im Stiftungsbrief von 1484 wiederholt.[11]

Die in der Reliefgestaltung vorgenommene Verknüpfung des Ordenszeichens mit den Inschriften, die Graf Ernst II. und seiner Frau gewidmet sind, darf als Zeugnis dafür angesehen werden, dass beide dieser Gesellschaft als Mitglieder angehörten. Es ist im Übrigen der einzige Hinweis, da zum einen die Quellen zur Geschichte des Schwanenordens nur sehr lückenhaft überkommen und Mitgliederlisten aus der hier in Frage stehenden Zeit nicht vorhanden sind,[12] und zum andern sich in der gedruckten Überlieferung zu den Grafen von Mansfeld keinerlei Angaben finden. Ein großer Mangel ist dabei insbesondere, dass die ausführliche Biografie des Grafen Ernst II. im Unterschied zur Behandlung seiner Brüder, Günther III. und Hoyer III.,[13] in dem mit »Stammenbaum und Geschlecht Register der Wolgebornen und Edlen Herrrn und Graffen zu Mansfelt« überschriebenen dritten Teil der Manfeldischen Chronik von C. Spangenberg[14] vollständig fehlt[15] und in den anderen historischen sowie topografischen Abschnitten dieses Hauptwerks zur mansfeldischen Historiografie nur wenig über ihn zu finden ist.[16]

Somit ist auch nicht bekannt, wann das gräfliche Paar Mitglied der Gesellschaft geworden ist, was nach den Statuten[17] entweder durch Berufung oder Bewerbung möglich war oder in einem genau definierten Erbgang erfolgen konnte. Eine Erbfolge ist hier zwar nicht zu belegen, wäre aber denkbar, da Ernsts Großeltern väterlicherseits, Günther II. Graf von Mansfeld-Vorderort († 1475) und dessen Gemahlinnen Anna von Honstein (um 1415–1450) und Margarete von Henneberg (1427–1460), in den erhaltenen Verzeichnissen von 1455 und 1465 als Mitglied geführt werden und beide Frauen nachweislich bis zu ihrem Tod dem Orden angehört haben. Eine enge familiäre Verbindung zum Orden bestand außerdem durch Ernsts Tante Elisabeth († 1482) – die ältere Schwester der Grafen Albrecht III. und Ernst I. –, deren Mitgliedschaft ebenso wie die ihrer beiden Gemahle Albrecht V. Graf von Anhalt († 1475) und Bruno VI. Edler von Querfurt († 1496) aus den gleichen Registern hervorgeht.[18]

Die Zugehörigkeit zur Gesellschaft Unserer Lieben Frau muss für Ernst und Dorothea große Bedeutung besessen haben, wie die Darstellung der Collane auf dem Relief annehmen lässt. Sie weicht von der sonst verwendeten Form deutlich ab. An den zahlreichen, von etwa 1470 bis ins 16. Jahrhundert entstandenen Beispielen abgebildeter Ordenszeichen findet sich immer die in den Gründungsstatuten festgelegte »Normalform«, die in der Aufreihung von Kette, Marienkleinod und Anhänger mit Schwanensymbol in dem einzigen, bis zum Zweiten Weltkrieg nachweisbaren Original exemplarisch repräsentiert war (Abb. 6)[19] – und zwar auf vielen gemalten Darstellungen von Trägern der »Gesellschaft«, sei es auf Einzelbildnissen oder im figürlichen Zusammenhang von Altargemälden, auf Ge-

MANSFELD UND DER SCHWANENORDEN

ABB. 7
Heldrungen, Madonna im Strahlenkranz, gerahmt von der Collane des Schwanenordens. Rechte Hälfte des Inschriftsteins

dächtnistafeln und Totenschilden, auf Grabmälern und in der Glasmalerei, oder als eigenständiges Abbild.[20] Nur in Details kam es gelegentlich zu Variationen, wie etwa in der Wiedergabe der Sägeschienen der Premse, die ungezähnt, nur als glatte Leisten ausgebildet sind, oder zu Verkürzungen, etwa durch das Weglassen entweder des Tuchanhängers mit dem Schwan oder sogar des Medaillons mit dem Marienbild.

In Heldrungen ist man von der üblichen Darstellung der Collane vollständig abgewichen. Hier hat das Bild der halbfigurigen Maria seinen Platz nicht in dem kleinen Anhänger an der Kette, sondern steht als »apokalyptische Madonna im Strahlenkranz« im Zentrum und wird von der in Kreisform angeordneten Premzenkette gerahmt, die statt mit den bedrohlich mahnenden Sägeleisten aus »abmildernd« glatten Säulchen gebildet wird (Abb. 7). Anstelle des obligaten Kleinods ist das Leinentuch mit einem Schwan direkt an der Kette befestigt. Die allein durch seine Größe demonstrative Betonung des Marienmotivs, die durch das dahinter gespannte Velum noch verstärkt wird, muss wohl als Ausdruck einer hohen Verehrung der Gottesmutter verstanden werden und kommt in dieser Zeit der heftigen Auseinandersetzungen, die um die Heiligen- und Marienverehrung zwischen den Altgläubigen und den Anhängern der reformatorischen Neuerungen geführt werden, einem offenen Bekenntnis zur unbedingten Marienfrömmigkeit gleich.

Kleine Hefte zur Denkmalpflege 16   11

ABB. 8
Elende, Chor der ehem. Wallfahrtskirche St. Marien/heute Rosenkirche

WALLFAHRTEN NACH ELENDE

Auch wenn zur näheren Einschätzung und zum Verständnis der religiösen Haltung des gräflichen Paars, einschließlich ihres Verhältnisses zur Marienfrömmigkeit dieser Zeit, sichere Zeugnisse fehlen, so gibt es Hinweise, die etwas von ihrer frommen Einstellung andeuten können. Es ist vor allem die Nachricht von einer Marienwallfahrt Graf Ernsts zur Marienkirche oder auch »Rosenkirche« in Elende bei Bleicherode (Abb. 8),[21] der für die Verehrung Marias seit dem zweiten Jahrzehnt des 15. Jahrhunderts »bedeutendste(n) Wallfahrtskirche im näheren Umland der Grafschaft Mansfeld«.[22] Nach dem Eintrag im »Wunderbuch Unserer Lieben Frau« in Elende besuchte der Graf die Kirche am 5. August 1517 und brachte der Gottesmutter ein »houbet [Haupt] von zehn Pfund Wachs« als Opfer dar. Diese Votivgabe in Form eines aus Wachs geformten menschlichen Kopfes war der Dank dafür, dass sie seine Anrufung erhört und ihn von einer Schwellung seines Halses erlöst habe, die ihn am Sprechen gehindert hatte. Aber vielleicht verfolgte Ernst mit dem Besuch der Marienwallfahrtsstätte außer dem erwarteten »Heilungswunder« noch einen anderen Zweck. Denn wenn er zu dieser Zeit bereits der Gesellschaft Unserer Lieben Frauen angehörte, wäre er beim Besuch in Elende auch einer ihm auferlegten Verpflichtung nachgekommen: Als Mitglied war er nämlich gehalten, »alle fest vnser lieben frawen tag, wo vnd wenn die im jar kommen, mit gantzer innigkeit [zu] eren vnd feyern«.[23] Deshalb war es sicher kein Zufall, wenn er hier am 5. August das im Kalender der Erzdiözese Mainz vorgeschriebene Fest Maria Schnee (*Festum nivis Marie*) mitfeiern konnte.

Offenbar besaßen die Mansfelder Grafen zu diesem Marienheiligtum von Elende mit seinem kostbaren Gnadenbild, einem Madonnenstandbild von 1414 (Abb. 9),[24] eine besondere Bindung und haben – wohl stärker als bisher angenommen – zur Förderung des regional wie überregional attraktiven Wallfahrtskults beigetragen. Bereits 1511 hatte Gräfin Agnes geb. von Gleichen, die Frau von Ernsts älterem Bruder Günther III. von Mansfeld-Vorderort, eine beachtliche Schenkung »zcu lobe der hochgelopten muter Marien« gemacht.[25] Diese ist eingetragen in das ebenfalls für die Marienkirche angelegte »Buch der Wohltäter« (*liber benefactorum*) und bestand aus »eins gulden stugkes« für eine Kasel, dazu Stola und Manipel »vnd alls, das dar zcu gehoret«, d. h. zu den wesentlichsten Teilen eines Ornats für die Messfeier des Priesters in der Marienkirche. Sie wurde ausdrücklich »zcu guthe irer vnd aller eltern, auch aller der graffeschafften zu Manßfelt, sie seyn am leben oder am thoden, zele zeligkeit gegeben«. Die Schenkung war mit dem »Befehl« verbunden, in die an der Wallfahrtsstätte seit 1475 bestehende Liebfrauenbruderschaft und ihr Gebetsgedenken aufgenommen zu werden, damit alle Genannten »der gude[n] wergke so thegelich hie geschein, mechten teilhaftig werden«.

Drei Jahre später findet sich im »Buch der Wohltäter« noch ein bisher mißverstandener Eintrag einer gräflichen Mansfelder Stiftung, verbunden mit dem gleichen frommen Anliegen: 1514 ließ Gräfin Margareta geb. von Gleichen, die Gemahlin Gebhards VII. Graf von Mansfeld-Mittelort und jüngere Schwester der oben genannten Anna von Gleichen,[26] ein Marienbild für eine Aufstellung über »dem thore bie der klus machen«, wobei offenbleibt, ob es sich um ein Schnitzbild oder ein steinernes Bildwerk gehandelt hat. In jedem Fall verweist es auf eine in der Familie offenbar ausgeprägte Marienverehrung. Die Stifterin verband damit, wie schon ihre Schwester, die Anweisung, ihren Mann, sie selbst und ihre Eltern in die Bruderschaft einzuschreiben, um nicht nur der guten Werke, sondern auch aller hier zu gewinnenden Ablässe »teilhaftig« zu werden.[27]

Möglicherweise sind diese Mansfelder Besuche der Marienwallfahrtsstätte Elende und die Votivgaben und Schenkungen nicht die letzten der Grafen und ihrer Familie gewesen. Sie könnten Elende auch später noch, d. h. nach 1517, als Votanten aufgesucht haben, nur fehlen dafür entsprechende Belege, da die Eintragungen im Mirakelbuch und im »Buch der Wohltäter« aus Platzmangel mit dem Jahr 1517 aufhören.

ZUR BAUGESCHICHTLICHEN INTERPRETATION DER INSCHRIFTEN

Auf die Marienverehrung und den Schwanenorden nehmen die beiden Inschriften der Steinplatte keinerlei Bezug. Den Hauptteil des Texts bilden die biografischen Daten: die Namen des Ehepaars mit ihrem Geburtsstand als »Graf von Mansfeld« und »geborene Gräfin von Solms« und die Nennung ihres Lebensalters, das allerdings im Falle der Frau unvollständig ist. Der überkommene Standestitel »Graf« ist durch die anschließende Ehrenbezeichnung »Edler Herr zu Heldrungen« noch erweitert. Das erbliche Recht, diesen Titel zu führen, hatte Ernst für sich und seine Nachfahren von Kaiser Maximilian I. 1516 erlangt.[28] Aus seiner im Text folgenden Altersangabe von 49

ABB. 9
Heiligenstadt, St. Marien. Marienstandbild aus Elende, 1414

Jahren hat die Forschung im rechnerischen Vergleich mit Ernsts Geburtsjahr 1479 gefolgert,[29] dass der Inschriftstein 1528 entstanden ist. Man ging sogar noch einen Schritt weiter und brachte diese indirekt erschlossene Datierung mit dem Ereignis,

ABB. 10
Gesamtansicht von Schloss Mansfeld. Kupferstich von Matthäus Merian 1650, Ausschnitt

das als einziger historischer Vorgang in der Inschrift festgehalten ist, in Verbindung: mit der Angabe, dass Ernst dieses »Haus« errichtet hat. Und indem man beides – die Datierung und die Baunachricht – in einen unmittelbaren Zusammenhang stellte, wurde daraus auf die Bautätigkeit am Schloss konkret bis zu diesem bzw. um diesen Zeitpunkt geschlossen. Das Jahr 1528 galt als ein Baudatum.[30]

Prüft man den Textzusammenhang der Inschrift genauer, so trifft dieser Schluss aber nicht zu. Beide Angaben haben nichts miteinander zu tun. Die ermittelte Datierung 1528 bezieht sich direkt auf das einleitende Substantiv »Effigies«, auf das hier angebrachte Bildnis Graf Ernsts und seine Entstehung (worauf unten zurückzukommen sein wird) und gibt zugleich die Zeit der Inschriftanfertigung an. Diese ist im übrigen aus der Altersangabe des Grafen nicht eindeutig zu erschließen, sondern kann ebensogut 1529 lauten. Die (freilich nur geringfügige) zeitliche Differenz resultiert aus dem Unterschied der beiden möglichen Lesarten der Formel »anno aetatis suae«, die sich durch den Vergleich mit zahlreichen Parallelfällen anbieten.[31] Übersetzt man sie hier mit: »im 49. Jahr seines Lebensalters«, so ergäbe das eine Datierung zwischen dem 48. und dem 49. Geburtstag des Bauherrn, d. h. zwischen dem 6. Dezember 1527 und dem 6. Dezember 1528, und man käme somit wie bisher angenommen auf das Jahr 1528. Liest man sie aber: »nach vollendetem 49. Lebensjahr« des Grafen, also nach dem 6. Dezember 1528, würde das die Datierung 1529 statt 1528 erlauben.

Die Angabe, dass Graf Ernst als Bauherr das »Haus«, d. h. den Schlossbau, errichtet hat, verweist ganz allgemein und ohne irgendeine Zeitangabe auf einen abgeschlossenen Prozess. Das dafür gebrauchte Perfekt »aedificavit« zeigt hier lediglich einen vollendeten Vorgang an, dessen Abschluss zeitlich bereits – mehr oder weniger lange – zurückliegt. Mit der Lebensaltersangabe ist eine Aussage über die Erbauung des Schlosses nicht verbunden. Das bedeutet: Der bisher als »Bauinschrift« bezeichnete Inschriftstein war weder im engeren noch im weiteren Sinn eine Bauinschrift und die abgeleitete Jahreszahl 1528 bzw. 1529 kein Baudatum.

Wann die Bauarbeiten am »Haus« von Heldrungen abgeschlossen gewesen sind, ist nicht überliefert. Doch nicht nur dafür fehlt jeglicher feste Anhaltspunkt: insgesamt ist die Quellenlage zur Baugeschichte des Schlosses und seiner Befestigung im 16. Jahrhundert außerordentlich dünn, da sich schriftliche Zeugnisse, wie Urkunden, Bauberichte, Rechnungen oder andere archivalische Belege nicht erhalten haben. Das gilt weitgehend auch für die bauliche Gestaltung des Stammsitzes des Grafengeschlechts, die Schlossanlage und Festung Mansfeld auf dem Hochplateau im Osten der Stadt Mansfeld (Abb. 10), auf dem die Residenzen der 1501 gebildeten Grafenlinien von Mans-

ZUR BAUGESCHICHTLICHEN INTERPRETATION DER INSCHRIFTEN

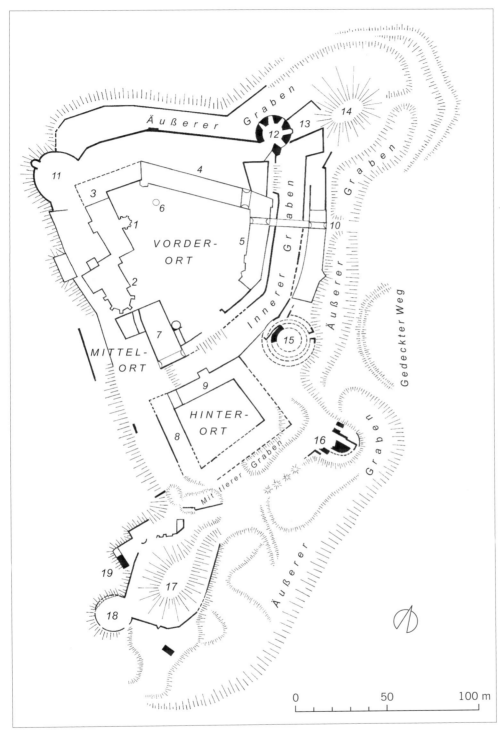

ABB. 11
Mansfeld, Übersichtsplan der Gesamtanlage von Schloss und Festung im heutigen Bestand:
1 Hauptschloss Vorderort
2 Schlosskirche
3 Gemeiner Saal
4 Wohnbau B
5 Wohnbau A
6 Brunnen
7 Schloss Mittelort
8 Hauptschloss Hinterort
9 Wirtschaftstrakt
10 Torbau
11 Minenbastei
12 Nordrondell
13 Münze
14 Tiergartenbastei
15 Rondell im Graben
16 Mittelbastei
17 Katzenbastei
18 Südrondell
19 Streichwehr
(Bauaufnahme Irene Roch-Lemmer mit Ergänzungen des Verf., Reinzeichnung Bettina Weber)

feld-Vorderort, -Mittelort und -Hinterort eingerichtet wurden (Abb. 11).

Um so wichtiger sind daher die chronikalischen Aufzeichnungen des Theologen und Historiografen Cyriacus Spangenberg (1528–1604).[32] Vor allem ist es seine von den Mansfelder Grafen geförderte, materialreiche «Mansfeldische Chronica», die auf

Kleine Hefte zur Denkmalpflege 16   15

einem gründlichen Studium der ihm zugänglichen, heute aber nur teilweise noch vorhandenen Urkunden und Quellen und der zu seiner Zeit möglichen Autopsie beruht.[33] Sie enthält zweckentsprechend eine Vielzahl von Angaben zur Bautätigkeit der Mansfelder Grafen in ihrem Herrschaftsgebiet,[34] die in annalistischer Zuordnung in die Darstellung der Mansfelder Herrschaftsgeschichte eingeschoben sind und daher auch in diesem ihrem historischen Zusammenhang gelesen und interpretiert werden müssen. Das gilt auch für die Angaben zur Errichtung des »Hauses« Heldrungen. Denn auch seine Entstehung lässt sich aufgrund der familiengeschichtlichen Zusammenhänge nur im Bezug zu den anderen gräflich-mansfeldischen Baumaßnahmen dieser Zeit und ihrer jeweiligen Geschichte richtig verstehen.

DIE ERBTEILUNGEN SEIT 1492 UND IHRE FOLGEN FÜR DAS MANSFELDER BAUGESCHEHEN

Graf Gebhard VI. von Mansfeld hatte »herschaft vnd Sloß heldrungen mit allen [...] Gerechtigkeiten, nuczungen, zcu vnd Ingehorungen« 1479/1484 von den Grafen von Honstein durch Kauf erworben.[35] Nach seinem Tod 1492 kam es zwischen den Erben, Graf Volrad II. von Mansfeld einerseits und den Grafen Günther III., Ernst II. und Hoyer III. sowie Gebhard VII. und Albrecht IV. andererseits über die Verteilung der Hinterlassenschaft zu offenbar erheblichen Auseinandersetzungen. Sie wurden im März 1495 mit einem Schiedsspruch von Erzbischof Ernst von Magdeburg und Herzog Georg von Sachsen als den zuständigen Lehnsherren beigelegt. In der darüber ausgefertigten Urkunde[36] ist neben anderen Verfügungen ausdrücklich festgelegt, dass »Herrschaft und Schloss Heldrungen« den »jungen Herrn« gemeinsam zufallen. Über die Aufteilung aller anderen Herrschaften und Güter sollten sich die Erben miteinander verständigen, was auch geschah. Das Ergebnis der Einigung wurde von Graf Volrad wenig später in einer Urkunde vom 22. August 1495 festgehalten.[37] Darin ist eingangs beschrieben, wem die damals vorhandenen, namentlich angeführten Bauten der Burg Mansfeld jeweils zustehen, verteilt auf Graf Volrad und die fünf jungen Grafen.[38]

Diese zweigeteilte Situation änderte sich bereits wenige Jahre später grundlegend. Denn als Graf Volrad 1499 starb, ergaben sich bei der nachfolgenden Aufteilung der gesamten Erbmasse unter den fünf jungen, inzwischen großjährigen Grafen offenbar Schwierigkeiten, die erneut zu Streit und Auseinandersetzungen (*irrige spennen und Gebrechen*) führten. Um sie beizulegen, fand im Jahr 1501 wiederum eine Erbteilung statt, die den Gesamtbesitz der Grafschaft Mansfeld völlig neu gliederte.[39] In einer komplizierten Aufschlüsselung der Erbanteile führte die Teilung zur Bildung von zunächst zwei Parteien, die einmal aus den Grafen Günther, Ernst und Hoyer, den Söhnen Albrechts III. († 1484), und zum andern aus den Grafen Gebhard und Albrecht, den Söhnen Ernsts I., bestanden und mit Ausnahme der von allen gemeinsam verwalteten Güter und Rechte unabhängig voneinander regierten. Jedem der fünf Grafen stand auf der Burg eine eigene Wohnstatt zu.[40] Wie die dazu erforderliche Zuweisung der zu dieser Zeit auf dem Burgareal bestehenden Wohn- und Wirtschaftsbauten an die einzelnen Grafenfamilien jetzt vorgenommen wurde und inwieweit man dabei an die bereits 1495 geschaffenen Besitzverhältnisse anknüpfen konnte, lässt sich nicht ausmachen. Entsprechende Angaben sind solange nicht möglich, wie keine sichere Kenntnis vom gesamten mittelalterlichen Baubestand auf dem Burgplateau besteht und damit auch eine eindeutige Lokalisierung aller 1495 genannten Baulichkeiten fehlt. Mit Sicherheit hat die Bebauung des 16. Jahrhunderts durch die veränderte Platzierung der neuen Gebäude weitgehend neue Raumstrukturen geschaffen, was auch die Ergebnisse erster archäologischer Erkundungen erkennen lassen.[41]

Eine nach der Aufteilung 1501 getroffene Abmachung der Grafen untereinander teilt Spangenberg mit.[42] So verständigten sich nach den Aufzeichnungen des Chronisten die Grafen Gebhard und Albrecht, dass »G. Albrecht seinem Brudern G. Gebharten als dem ältern, soviel das Haus belangend, gar gelassen«, also ihm den ihnen beiden zugefallenen Wohnbau überließ, während er selbst das ebenfalls ihnen gemeinsam zustehende »Furwerg für sich behalten« wollte, um darauf bauen zu können. Eine Besitztrennung nahmen auch die Grafen Günther und Ernst vor, als sie sich über die Teilung des zunächst gemeinsam übernommenen Anteils mit allem Zubehör einschließlich ihres Haushalts 1502 vertraglich einigten.[43] Auf jeden Fall zog sich die Inbesitznahme des Vorhandenen und der Ausbau zur neuen Schlossanlage über Jahre hin und warf immer wieder auch Probleme auf. So musste 1505 in einer längeren Verhandlung der Grafen über eine Reihe von »Gebrechen« (*etliche span*) entschieden werden, darunter offenkundig auch über Baufragen, als man festlegte, »wie der Baw des Hauses Mansfeld anzustellen« ist.[44] Sehr wahrscheinlich ging es dabei um Maßnahmen für den in dieser Zeit sich intensiv entwickelnden Ausbau des Stammsitzes und die Errichtung von weiteren Schlossgebäuden, die den Ansprüchen der einzelnen Grafen und ihrer Familien genügen sollten und die zu ihrer Verwirklichung der Zustimmung aller Grafen bedurften. Anscheinend gelang es aber auch diesmal nicht, eine gänzlich befriedigende Lösung herbeizuführen.

Denn sechs Jahre später fand nochmals eine große Beratung über strittige Probleme der Burgbebauung statt. Noch immer waren Fragen »der behaußung vnnd [des] Rhaums vffm Slos Mansf[eld] eyns teyls vnvergleicht gewese«, d. h. teilweise offen, die der Klärung bedurften. Durch Graf Botho von Stolberg-Wernigerode vermittelt, kam es mit einem am 26. April 1511 geschlossenen Vergleich schließlich zu einer umfassenden Einigung.[45] In unterschiedlicher Verteilung wurden darin neu ordnende Zuweisungen vorgenommen und für alle Grafen verbindliche Auflagen gemacht. Vorrangig ging es um Bauvorhaben der Grafen Gebhard und Albrecht. Behandelt wurde außerdem die nicht vereinbarte, von Graf Albrecht einseitig vorgenommene Gründung des »neuen Dorfs«, der Neustadt vor den Toren der Stadt Eisleben.

Für Mansfeld wurde in dem Vertrag festgelegt, dass die von Graf Albrecht bzw. Graf Gebhard(?) vorgesehene, eigenmächtige »vfrichtung des gebeudes, das der vheßtunng entkegen vnnd zu nachteyl« wäre, das aber nicht benannt wird, aufzugeben ist. Bestimmt wurde weiter, dass Graf Gebhard zwei bisher von ihm eingenommene Gebäude aufzugeben hat und dafür einen vierseitig genau abgesteckten Bauplatz – für das spätere Schloss Mittelort – erhält. Das eine der beiden Gebäude, die an Graf Hoyers »hauß« anstoßende »behaußung ader steynen stock«, wurde diesem zugesprochen. Den Platz der von den Grafen Ernst und Hoyer beanspruchten Scheune, die wohl im oder beim Vorwerk lag, mussten beide dem Grafen Albrecht für den Bau eines Teils seiner künftigen »behaußung« – den späteren Wohnbau von Schloss Hinterort – überlassen. Dafür wurde Graf Ernst der »haußman Thorm, der bey dem weyssen hauß gestanden«, mit der Befugnis zugesprochen, an dieser Stelle neu zu bauen. Graf Günther schließlich sollte lediglich Teile seines Marstalls abgeben und dafür im Tausch gleichviel Platz an anderer Stelle erhalten, wofür zwei Möglichkeiten vorgeschlagen wurden (s. unten S. 30).

Erst mit diesen verbindlichen Zuweisungen und der Verteilung noch bestehender alter, doch zumeist bereits zum Abbruch bestimmter, mittelalterlicher Burggebäude sowie den Vorgaben zur Errichtung von geplanten neuen Wohn- und Wirtschaftsbauten war auf dem Hochplateau die Voraussetzung für die neue aufwendige Schlossbebauung innerhalb der Befestigung geschaffen.

ABB. 12 RECHTE SEITE
Mansfeld, Schloss Vorderort. Hauptportal mit dem Wappen am Treppenturm des Hauptschlosses

SCHLOSS VORDERORT

Man darf sicher davon ausgehen, dass dafür in der seit der Erbteilung 1501 verstrichenen Zeit nicht nur die notwendigen Vorbereitungen getroffen wurden, sondern man wahrscheinlich auch erste Arbeiten in Angriff genommen hat. Ein Hinweis hierfür findet sich im Vertrag von 1511, wenn darin bemerkt wird, dass von den Grafen Ernst und Hoyer ihrem Vetter Graf Albrecht vorgeworfen wird, »vf das fuerwerck [d. h. auf dem Gelände des Vorwerks] [...] an ir bewilligung irlangt [zu haben] zu bawen«.[46] Diese Formulierung lässt den Schluss zu, dass Graf Albrecht bereits vor 1511 mit bestimmten Maßnahmen zum Bau der Vierflügelanlage seines Schlosses Hinterort begonnen haben dürfte. Andererseits fällt auf, dass ein für die Bauabläufe im Burgareal sicher einschneidendes Ereignis dieser Zeit keine Erwähnung findet: der Brand von 1509, durch den vom Anwesen Graf Hoyers »der ganze Vorder Teil oder Ort des Schlosses Mansfeltt« zerstört wurde.[47] Man könnte annehmen, dass dieses Ereignis eine Rolle spielte, als Graf Gebhard – wie bereits erwähnt – angewiesen wurde, von seinen beiden »Behausungen« die eine, »an graf Hoyers hauß stossend«, dem Grafen Hoyer zu überlassen. Es findet sich dabei aber kein Hinweis auf den desaströsen Zustand von »Hoyers hauß«, bei dem es sich um ein »ansehnliches Gebeue«[48] am westlichen Talrand gehandelt haben muss. Offensichtlich kamen also im Schiedsverfahren von 1511 ausschließlich Vorgänge zur Sprache, bei denen es sich um Streitfälle der Grafen untereinander und die dazu notwendige Schlichtung gehandelt hat. Der damalige Bauzustand von Vorderort war nicht rechtsrelevant.

Der Zugewinn durch die Übernahme von Graf Gebhards Wohnstatt kam Graf Hoyer in seinen Plänen für ein neues Schloss sicher entgegen. Er war bereits vor 1509 »ohne das [Brandereignis] in Willens gewesen, diesen Teil [von Vorderort] abzubrechen und anders zu bawen« – d. h.: Er hatte schon beabsichtigt, das wahrscheinlich seinen Ansprüchen nicht (mehr) genügende alte »Gebeue« durch einen Neubau zu ersetzen. Die Planausführung erhielt eine neue Richtung, als es zu einer zweiten Katastrophe kam. Denn durch einen zweiten Brand im Jahre 1515 bzw. 1517, der weitere Teile von Vorderort zerstörte, sah sich Graf Hoyer genötigt, auch das, was »nach der Torfahrt wärts übrig geblieben«,[49] in sein Erneuerungsvorhaben einzubeziehen und anstelle der dort abgebrannten älteren Gebäude die in der Forschung als Wohnbauten B und A[50] bezeichneten Schlossbauten zu errichten.

Eine zu diesen Vorgängen sich ergebende Frage ist, ob der Wiederaufbau des Hauptschlosses von Vorderort, in Wirklichkeit ein weitgehender Neubau, zu dem wohl auch der an der Nordseite im rechten Winkel anschließende Bau des »Gemeinen Saals« gehörte, schon bald nach dem Brand 1509 begonnen und dann im weiteren Verlauf zusammen mit den nördlich anschließenden Wohnbauten (B und A) ausgeführt wurde. Diese Frage ist ebenso noch einmal zu bedenken wie die Annahme des Bauabschlusses im Jahre 1518, in dem auch die Bauten B und A fertig gewesen sein sollen.[51] Die Beantwortung ist schwierig, denn der Versuch einer Klärung kann nur von wenigen, für die Bauten und Bauvorgänge gesicherten Daten ausgehen: 1515 bzw. 1517, 1518 und 1519.

Wann man mit dem Bau des neuen Hauptschlosses nach dem Brand von 1509 begonnen hat, lässt sich nicht feststellen. In den Quellen findet sich dazu keinerlei Hinweis. Er könnte bereits kurz danach oder auch erst etwas später in Angriff genommen worden sein, was sogar wahrscheinlicher ist, da nicht nur die Trümmer des Vorgängerbaus zu beseitigen waren, sondern auch die notwendigen Vorbereitungen für die Errichtung des neuen Baus getroffen werden mussten. Auf jeden Fall war er 1515 bzw. 1517 noch im Gange. Denn bei Spangenberg heißt es, dass zu diesem Zeitpunkt die 1509 verschont gebliebenen Teile des Vorderorts

SCHLOSS VORDERORT

ABB. 13
Mansfeld, Schloss Vorderort.
Portal am Treppenturm von
Bau B

ABB. 14
Mansfeld, Schloss Vorderort.
Hofseitiges Portal vom ehem.
Weinkeller am Hauptschloss

ABB. 15
Mansfeld, Schloss Vorderort.
Portal vom ehem. Bierkeller
am Hauptschloss

»nach der Torfahrt wärts« einem zweiten Brand zum Opfer fielen, »ehe das erste [Haus = Hauptschloss] noch wieder aufgebauet gewesen«.[52] Demnach waren zum Zeitpunkt dieses Brands die Arbeiten am Neubau des Hauptschlosses nicht abgeschlossen.

Die bisher als Jahr der Vollendung angesehene Jahreszahl 1518 in den Inschriften der großen Reliefs mit dem Wappen Graf Hoyers III., die über den Portalen der Treppentürme am Hauptschloss (Abb. 12) und an Bau B (Abb. 13) eingesetzt sind, kann nicht als Baudatum verstanden werden, sondern gibt nur die Entstehungszeit der beiden Reliefs an. Durch ihren Anbringungsort datieren diese freilich auch eine bestimmte Bauphase. In der Bauabfolge und bautechnisch gehören die beiden Treppenturmportale zu dem Bauabschnitt, in dem die hofseitigen Umfassungsmauern des Erdgeschosses von Hauptschloss und Bau B hochgezogen wurden,[53] was demzufolge um 1518 erfolgt sein muss. Die Vollendung des dreigeschossigen Hauptbaus, des zweigeschossigen »Gemeinen Saals« und der daran anschließenden, wahrscheinlich ebenfalls zweigeschossigen Wohnbauten hingegen muss nach dem Baufortgang auf jeden Fall später als 1518 liegen. Das ergibt sich auch aus einer Nachricht Spangenbergs zu 1519, die den Ausbau der oberen Geschosse des Hauptschlosses zu dieser Zeit bezeugt. Spangenberg berichtet, dass man in diesem Jahr, und zwar »denselben Sommer [im Hauptschloss] noch den großen Saal gefertiget [hat], wie die Schrift über der obern Tür darinnen ausweist«.[54] Dieser Saal befand sich gewiss – wie damals üblich und auch in den Schlossbauten von Mittelort und Hinterort realisiert – im ersten Obergeschoss.

Für die Fertigstellung aller neuen Baulichkeiten von Schloss Vorderort brauchte man also zweifellos noch einige Zeit, denn durch die Brandzerstörung von 1515 bzw. 1517 hatte sich der Arbeitsumfang insgesamt erheblich vergrößert. Außer der Vollendung des Hauptbaus waren auch die neuen Gebäude anstelle der vom zweiten Brand

ABB. 16
Mansfeld, Schloss Vorderort. Tympanon mit Bacchus-Szene (s. Abb. 14)

ABB. 17
Mansfeld, Schloss Vorderort. Tympanon mit Landsknechts-Gelage (s. Abb. 15)

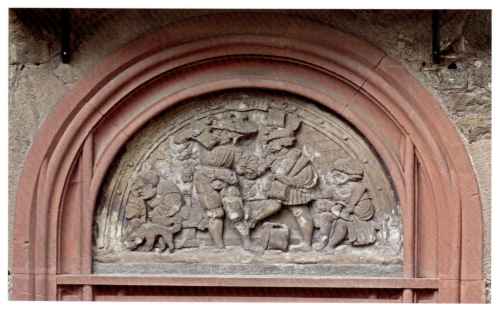

zerstörten zu errichten, wozu nicht nur Bau B, sondern auch der an der Ostseite anschließende Bau A zu rechnen ist, in den jetzt der neue Schlosszugang integriert wurde. Abgeschlossen waren alle Arbeiten wohl kaum vor 1520. In die letzte Phase dürfte auch die Entstehung des Portals am Treppenturm des Ostflügels fallen.[55]

Ein mit dem Bauabschluss des Hauptschlosses zusammenhängendes Problem bleibt die Datierung der Tympanonreliefs über den beiden rechteckigen Stabwerkportalen, die südlich und nördlich vom großen Treppenturm ins Mauerwerk des Erdgeschosses eingefügt sind und den ebenerdigen Zugang zum ehem. Wein- und ehem. Bierkeller bilden (Abb. 14, 15). Die Forschung hat die Entstehung der Reliefs mit der Bacchusszene (Abb. 16) und dem Landsknechtgelage (Abb. 17) aus stilistischen Gründen in die 1520er Jahre bis um 1530 gesetzt bzw. um 1525 oder 1526 datiert.⁵⁶ Gestützt wurde diese Datierung durch eine im Fall der Bacchusdarstellung für den Bildhauer als Vorlage angenommene Radierung von Hieronymus Hopfer (Abb. 18), die nach 1520, vielleicht um 1522 oder noch etwas später entstanden ist.⁵⁷ Unbeachtet geblieben ist aber bei dieser Einordnung in das Œuvre des Bildhauers Hans Schlegel, dem beide Reliefs zugeschrieben werden,⁵⁸ dass die Portale zusammen mit den Reliefs im originalen, ungestörten Werkverband mit der Mauer stehen. Eine nachträgliche Einbringung der Tympana ist nach dem bautechnischen Befund auszuschließen. Das bedeutet, dass sie bereits früher, und zwar in der Zeit geschaffen worden sein müssen, in der man das Erdgeschoss der hofseitigen Umfassungsmauer des Hauptschlosses aufführte: um 1518. Diese bauzeitliche Zuordnung steht damit im Widerspruch zu der bisherigen Annahme, die Radierung Hopfers hätte dem Bildhauer als Vorlage für das Bacchusrelief gedient, denn sie existierte zu dieser Zeit noch nicht, sondern entstand erst mehrere Jahre später. Wenn tatsächlich ein Zusammenhang zwischen dem Relief und einer entsprechenden grafischen Vorlage bestand – und dafür spricht die auf eine Bilderfindung von Andrea Mantegna zurückgehende Gesamtkomposition mit der Wiedergabe besonders des trunkenen Gottes⁵⁹ –, dann ergibt sich aus der zeitlichen Differenz eine andere Lösung des Problems: Schlegel muss eine ältere Vorlage mit dieser Szene als Ausgangspunkt für seine »Nachschöpfung« benutzt haben, und das war wahrscheinlich ein – später auch von Hopfer kopierter – im ausgehenden 15. Jahrhundert entstandener Kupferstich (Abb. 19) von einem der im Umkreis von Mantegna tätigen, namentlich unbekannten Künstler oder Giovanni Antonio da Brescia.⁶⁰ Mit seinen bildhauerischen Mitteln hat Schlegel diese zweidimensionale Vorlage in eine durchaus eigene skulpturale Version des Bacchanalmotivs umgesetzt.

SCHLOSS MITTELORT UND SCHLOSS SEEBURG

Graf Gebhard befand sich in einer anderen Situation als sein Vetter Graf Hoyer. Im Unterschied zu diesem, der seine durch die Teilung 1501 erlangte Wohnstatt unangefochten behielt und durch verschiedene Neubauten ersetzt hat, musste Gebhard – wie erwähnt – seine zunächst als Behausung genutzten Bauten 1511 aufgeben. Für diesen Verlust wurde ihm zwar direkt neben dem Haus des Dechanten auf einem noch weitgehend unbebauten »Raum« der

ABB. 18
Hieronymus Hopfer: Bacchus mit Putten und Kindengeln bei der Weinlese, Eisenradierung

ABB. 19
Unbekannter italienischer Stecher nach Andrea Mantegna: Bacchus mit Gruppe von Putten und Kindengeln, Kupferstich

ABB. 20
Mansfeld, Schloss Mittelort: Schlussstein vom Gewölbe des Nordost-Erkers am »Goldener-Saal«-Bau: links Zustand 2010 nach dem Ausbau aus der sekundären Ziegelüberwölbung; rechts Befundaufnahme von Maurizio Paul 2010/12

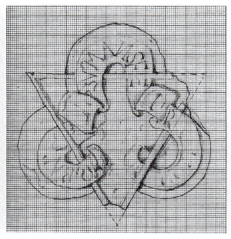

Bauplatz für ein neues, später als Mittelort bezeichnetes Schlossgebäude zugewiesen.[61] Mit dessen Bau konnte aber nicht gleich begonnen werden. Vielmehr musste für den Dechanten des kleinen an der Schlosskirche installierten Kollegiatstifts[62] erst »eyn ander hauß an die kirchen, do die Belge ligen« oder an sonst geeigneter Stelle »vfs fürderlichste [d. h. aufs schnellste] gebauet werden«.[63] Erst danach wurde Graf Gebhard »die alte Techenney eingeantwurt [überantwortet]« und war gehalten, »in eynen halben Jar darnach dasselbige hauß abbrechn [zu] lassen«. Bis zum Beginn der Bauarbeiten verging also einige Zeit, vielleicht waren es sogar mehrere Jahre. Als man schließlich mit dem Bau angefangen hatte und beträchtlich vorangekommen war, geriet Graf Gebhard, wie C. Spangenberg mitteilt, »in Beschwerung«, d. h. in eine anscheinend schwerwiegende Verschuldung (über die man in den Quellen nichts Näheres erfährt), die ihn nötigte, »eine Zeit lang außer Landes« zu gehen.[64] Das zu diesem Zeitpunkt bis zum Dachwerk errichtete Gebäude blieb nicht nur »eine gute Weile unvollführet«, sondern nahm außerdem »nicht wenig Schaden«, als dann noch »die Kriegsnot eingefallen«. Mit dem hier angesprochenen kriegerischen Ereignis dürfte der Bauernaufstand vom Frühjahr 1525 gemeint sein, der das Mansfelder Land durch Klosterstürme und Plünderungen sowie militärische Auseinandersetzungen in Mitleidenschaft zog,[65] wodurch eine weitere Verzögerung eintrat.

In diesem Jahr stand der längere Zeit zuvor begonnene Neubau von Schloss Mittelort dem Eintrag Spangenbergs zufolge unvollendet. Erst im vierten Jahrzehnt konnte er zum Abschluss gebracht werden. Das ergibt sich durch die Inschrift eines hängenden Schlusssteins (Abb. 20), der ursprünglich in das kunstreich gestaltete Rippengewölbe des Erkers an der Nordostecke des »Goldener-Saal«-Baus eingefügt war.[66] Der heute infolge starker Beschädigung nur noch in Resten erkennbare Inschrifttext[67] nannte außer dem Bauherrn GEBARD GRAF · V · MANSFELD · HER · V · SEBVRCK auch die Jahreszahl 1532. I. Roch-Lemmer nahm an, dass die Jahreszahl den Zeitpunkt der Vollendung des gesamten Schlosses angibt. Diese Annahme ist aber zu relativieren. Denn 1532 kann nur die Entstehungszeit des Erkers an der Nordostecke markieren. Aufs Ganze gesehen bedeutete das: Damals war man noch mit der Errichtung des Obergeschosses einschließlich des Erkers befasst, dessen äußere Erscheinung in einer Zeichnung des ruinösen Zustands von Schloss Mittelort vom Beginn des 19. Jahrhunderts festgehalten ist (Abb. 21). Sie zeigt den Erkeraufbau mit dem damals noch vorhandenen oberen Abschluss, in dem sich das Rippengewölbe befand. Im

SCHLOSS MITTELORT UND SCHLOSS SEEBURG

ABB. 21
Mansfeld, Schloss Mittelort und Schlosskirche, um 1811. Zeichnung von Louis-Théodore Liman (Kassel, Graphische Sammlung, Inv. Nr. LGS15998)

Übrigen entsprach diesem Erker an der diagonal gegenüberliegenden Südwestecke ein wahrscheinlich gleichgroßer und vermutlich ebenfalls prachtvoller Runderker.[68] Erst nach der Bauphase, in der das Obergeschoss mit den Erkern hochgezogen wurde, konnte der weitere Ausbau des Schlosses erfolgen, einschließlich des westseitig angeschlossenen Appartementflügels und des gesamten Dachbereichs mit den Zwerchhäusern und »Welschen Giebeln«,[69] die durch die Schlossdarstellung Lucas Cranachs d. J. von 1549 (Abb. 22) und den Kupferstich von M. Merian (Abb. 23) dokumentiert sind.[70] Diese weiteren Bauarbeiten haben zweifellos einige Zeit in Anspruch genommen. Demzufolge dürfte Schloss Mittelort sicher erst nach 1532 fertiggestellt gewesen sein.

In der Titulatur des Bauherrn weist die Schlusssteininschrift eine Besonderheit auf, indem der Angabe des Standes als »Graf von Mansfeld« hier noch die Bezeichnung »Herr von Seeburg« hinzugefügt ist. Durch

ABB. 22
Mansfeld, Schloss Mittelort. »Bekehrung des Saulus«, Ausschnitt aus dem Gemälde von Lucas Cranach d. J., 1549 (s. Abb. 25)

ABB. 23
Mansfeld, Schloss Mittelort. Ausschnitt aus dem Stich von Matthäus Merian von 1650 (s. Abb. 10)

ABB. 24
Schloss Seeburg, Rittersaalgebäude. Erkerbrüstung mit Bauinschrift von 1518

diesen Zusatz dokumentierte Graf Gebhard sein Recht auf die Herrschaft von Seeburg, dessen Schloss und Amt ihm in der Aufteilung der Herrschaft Mansfeld 1501 als Anteil aus der Hinterlassenschaft (*angefelle*) der Grafen Gebhard VI. und Volrad II. zugefallen waren.[71] Wahrscheinlich schon früh hatte er – hierhin ausweichend – Seeburg zur bevorzugten Residenz erkoren,[72] zumal nach der familiären Einigung von 1511 der Bau eines neuen »Hauses« auf Mansfeld für ihn nicht gleich begonnen werden konnte. Für seine dauernde Nutzung ließ er deshalb die alte Burg am Süßen See als Wohnschloss aufwendig ausbauen.[73] Dazu wurde der mittelalterliche Palas von 1515 bis 1518, wie eine Inschrift ausweist (Abb. 24), um ein Geschoss mit dem großen Saal (»Rittersaal«) erhöht[74] und der sog. Rote oder Witwenturm durch Hinzufügung mehrerer Geschosse mit ausladend breiten Erkern zum repräsentativen Wohn-Turm umgestaltet.[75] In ihrer Formgebung verbanden beide »Neubauten« die in dieser Zeit noch gängigen spätgotischen Gestaltungselemente mit Formen der beginnenden Renaissance. Historisch bemerkenswert ist, dass 1525 während der Bauernerhebung Martin Luther auf seiner Reise durch das Harzvorland und Nordthüringen zweimal bei Graf Gebhard auf Seeburg weilte: zunächst am 17. April, als er mit Melanchthon Ostern 1525 Eisleben aufsuchte, und dann am 4. und 5. Mai auf der Rückreise von Weimar nach Wittenberg.[76] Der Graf hatte ihn »auff das Schloss Seeburg [gerufen], woselbst er residirte, damit die Berg-Leute bey dem damahligen Bauren-Lermen in etwas zur Raison möchten gebracht werden.«[77]

SCHLOSS HINTERORT

Graf Albrecht hatte vielleicht schon bald nach 1501 den Plan zu einem neuen, eigenen Schlossbau, den »Hinterort des Hauses Mansfeld« gefasst,[78] und sich dazu mit seinem Bruder Graf Gebhard dahin gehend geeinigt, dass er zur Verwirklichung seiner Absicht das zunächst ihnen gemeinsam zugefallene »Furwerge vor dem Schlosse« allein übernimmt.[79] Die Arbeiten an diesem Projekt hat er in der Folgezeit offenbar schon in Angriff genommen, doch ohne sich darüber mit den Grafen Ernst und Hoyer zu verständigen, die einen Teil des dort stehenden Scheunenbaus besaßen.[80] So kam es zu Auseinandersetzungen, die erst mit dem Vertrag von 1511 beigelegt wurden, indem Albrechts Vettern ihm ihren Anteil übereigneten.

Der erst nach dieser Regulierung möglichen Errichtung des Neubaus gingen umfangreiche und angesichts des unebenen Geländes zeitraubende Baumaßnahmen voraus. Denn um die notwendige Baufreiheit zu gewinnen, mussten zunächst die auf

ABB. 25
Schloss Mansfeld, Gesamtansicht auf dem Gemälde »Bekehrung des Saulus« von Lucas Cranach d. J., 1549 (Nürnberg, Germanisches Nationalmuseum)

ABB. 26
Schloss Hinterort auf dem Gemälde von Lucas Cranach d. J., 1549 (s. Abb. 25)

dem vorgesehenen Platz befindliche Gebäude abgebrochen werden. Nach den Angaben von 1495[81] standen »im vorwerge« nicht nur die genannte Scheune, mehrere Stallgebäude und verschiedene Wirtschaftsbauten, wie Brau- und Backhaus, sondern auch ein Turm, die »Ritterbode« und eine Schäferei »bey der stechban« und vor allem das ursprüngliche Torhaus mit Tor und Torstube des bis zu diesem Zeitpunkt von allen gemeinsam genutzten Hauptzugangs zur Burg. Dessen Beseitigung hatte zur Folge, dass ein neuer Gesamtzugang geschaffen werden musste. Er entstand damals als größere Toranlage mit Brücke über den inneren Graben an der Ostseite von Schloss Vorderort (s. Abb. 11) an der Stelle, wo er sich bis heute befindet, und wurde dort integriert in den Wohnbau A.

Für seine neue Residenz ließ Albrecht »vier schöne Steine Häuser ins Gevierte«,[82] d. h. eine Vierflügelanlage um einen unregelmäßig viereckigen Hof, errichten, die nur in geringen Teilen als Ruine erhalten geblieben ist.[83] Im Grundriss hatten die vier Trakte eine unterschiedliche Größe: das Hauptschloss an der Talseite im Westen und der Wohnbau im Süden besaßen eine stattlichere Länge als die beiden Wirtschaftsgebäude im Norden und Osten. Auch im Aufriss waren sie unterschieden: Während das Hauptgebäude und der Wohnbau sowie der Wirtschaftsflügel im Norden dreigeschossig aufgeführt waren, besaß der Wirtschaftstrakt an der Ostseite nur zwei Geschosse. All dies geht aus der verhältnismäßig ausführlichen Beschreibung von Spangenberg hervor, die auch einen Einblick in die Raumverteilung und -funktion im Innern der einzelnen Trakte gewährt. Die ursprüngliche äußere Erscheinung von Schloss Hinterort (Abb. 26) ist in der Schlossansicht

ABB. 27
Schloss Mansfeld, Gesamtansicht auf dem Gemälde »Hirschjagd Kurfürst Friedrichs des Weisen« von Lucas Cranach d. Ä., 1529 (Wien, Kunsthistorisches Museum)

von Mansfeld auf dem Gemälde von 1549 von Lucas Cranach d. J. (Abb. 25) bemerkenswert genau festgehalten worden. Im Unterschied zu den auf dem gleichen Bild zu findenden Darstellungen der Schlösser Vorderort und Mittelort, die sich mit ihren rundbogigen »Welschen Giebeln« bereits dieser neuen Form der Frührenaissance bedienen, zeigt sie mit den Vorhangbogenfenstern, die teilweise erhalten sind, und den dekorativ reichen, mit Fialen geschmückten Stufen- und Dreieckgiebeln eine noch ganz in der spätgotischen Tradition stehende Fassadengestaltung. Um zum Vergleich nur ein regional und historisch naheliegendes Beispiel anzuführen: Sie knüpft mit dieser Gestaltung, wie die ältesten Stadtansichten von Eisleben erkennen lassen,[84] an eine Formgebung an, die dort eine Reihe von repräsentativen Gebäuden um und nach 1500 aufweisen.

Die frühere Darstellung der Mansfelder Schlösser hingegen, die Lucas Cranach d. Ä. 1529 gemalt hat (Abb. 27),[85] ist in der Wiedergabe von Schloss Hinterort eine nicht der Realität entsprechende Ansicht gewesen. Denn zu dieser Zeit war die auf dem Bild von 1549 überlieferte Schlossanlage zweifellos schon fertiggestellt. Daher kann der 1529 wiedergegebene Aufriss des Haupttrakts zur Talseite mit den »fortschrittlichen« Rundgiebeln nur fiktiv gemeint gewesen sein. Die Frage, welche Absicht und von wem damit verbunden war, ob es z. B. ein vom Auftraggeber verlangtes Schaubild oder ein der Imagination des Malers geschuldeter Einfall gewesen ist, wird sich kaum noch eindeutig beantworten lassen.[86]

I. Roch-Lemmer hat im Zuge ihrer umfassenden Untersuchungen der Mansfelder Schlossanlage aus dem Befund der erhaltenen Substanz geschlossen, dass der Bau von Hinterort mit dem Westtrakt, dem Hauptschloss, begonnen wurde, die Errichtung des Wohnbaus an der Südseite sich daran anschloss und als letztes die beiden Wirtschaftsgebäude im Norden und Osten entstanden seien.[87] Wie für den Beginn der Bauarbeiten ist für den Abschluss ein festes Datum nicht überliefert. Angenommen wird das Jahr 1523 bzw. der Zeitpunkt »etwa 1523«. Maßgebend für diese Annahme ist die Jahreszahl, die sich in dem Flachrelief am Sturz über der noch vorhandenen, von der Durchfahrt im Nordflügel in den Haupttrakt führenden Türöffnung findet (Abb. 28).

Diese Öffnung ist als Mauerdurchlass alt. Die steinerne Rahmung der Tür hingegen wurde mit den monolithen Pfosten im 19. Jahrhundert (nach 1859) neu gestaltet, wobei man den Sturz mit dem Flachrelief wiederverwendete. Er muss aber an dieser Stelle schon ursprünglich seinen Platz gehabt haben. Das ergibt sich aus der Reliefdarstellung. Denn der in der Mitte angeordnete

VERÄNDERUNGEN IM BEREICH VON SCHLOSS VORDERORT

Henkeltopf mit dem Datum 1523 und die – zeitgenössischen Glasformen nachgebildeten – Trinkgefäße links und rechts daneben verwiesen bildhaft auf die Funktion der dahinter gelegenen »Sommer Hofstuben«,[88] die als »Alltagsspeise- und Versammlungsraum des Hofgefolges, teilweise auch der Schlossherrschaft« diente.[89]

Als Zugang zur Hofstube im Erdgeschoss gehörte die Tür in dem dreigeschossigen Schlossflügel zu einem in der Entstehungsabfolge frühen Bauabschnitte dieses Trakts. Demzufolge konnte die Jahresangabe 1523 kein Vollendungsdatum sein, sondern lediglich ein Zwischendatum, das für die Errichtung des Erdgeschosses Gültigkeit hatte, nicht jedoch für die beiden Obergeschosse, die erst danach aufgeführt wurden.

Bei einem Baubeginn spätestens um 1511, was aus der in diesem Jahr geschlossenen, bereits erwähnten Vereinbarung (s. S. 17) hervorgeht, und bei gleichzeitiger Annahme, dass der erst nach 1523 fertig gewordene Westflügel als ältester Trakt der Vierflügelanlage errichtet wurde und die anderen Flügel erst danach entstanden, ergäbe sich eine verhältnismäßig lange Gesamtbauzeit, die der Erklärung bedürfte. Ursächlich denkbar wäre etwa eine Bauunterbrechung oder eine Planänderung, die nach weitgehender Fertigstellung der übrigen Teile um 1523 noch zu einer Umgestaltung im Erdgeschoss führte. Oder die Abfolge in der Errichtung der vier Trakte ist doch eine andere gewesen? Eine Klärung dieser Diskrepanz lässt sich wohl nur durch eine umfassende Bauuntersuchung mit den notwendigen bauarchäologischen Sondagen erreichen, die bis heute fehlen. Unberührt davon bliebe der Abschluss der Bauarbeiten, d. h. die Vollendung des Schlosses Hinterort, die auf alle Fälle einige Zeit nach 1523 gelegen haben muss. Das schließt nicht aus, dass für Graf Albrecht, der mit seiner Hofhaltung nach Ansicht von H. Größler »auf dem Schloss Mansfeld seinen ständigen Sitz hatte«,[90] bereits vor dem baulichen Abschluss eine teilweise Nutzung der Gesamtanlage möglich gewesen ist.[91]

ABB. 28
Schloss Hinterort. Tür in der Durchfahrt des Nordflügels

VERÄNDERUNGEN IM BEREICH VON SCHLOSS VORDERORT

Die Grafen Günther und Ernst hatten die ihnen in der großen Erbteilung 1501 zugefallenen Anteile an der Burg Mansfeld zunächst gemeinsam in Besitz genommen.[92] Außerdem bekamen sie zusätzlich im Tausch von ihrem jüngeren Bruder Graf Hoyer mehrere Schlossgebäude, die aus dem Erbe des Grafen Volrad stammten: »das weyß heuschen am thorm, die kuche und das backhauß«. Die gemeinschaftliche Verwaltung war aber nur von kurzer Dauer. Denn bereits im folgenden Jahr beendeten sie diesen Zustand und verständigten sich in einem großen Vergleich[93] u. a. über die Aufteilung aller in der gemeinsamen Erbmasse enthaltenen Immobilien. Dabei überließ Ernst seinem Bruder nicht nur seine Anteile an dem »weißen Haus, dem Küchenbau und dem Backhaus«, sondern gab ihm auch seine auf dem Burgterrain stehende »behausung, stallung vnd anders«, was ihm »zcu Mansfeldt nach anzceigung der teylung [zu] gefallen« war. Es geschah mit dem ausdrücklichen Vermerk, dass er dies Günther »auß bruderlicher trew zu seynem haußhalt zugebrauchen zugesagt« hat. Demnach wollte dieser damals seine Hofhaltung auf der Burg einrichten. Wieweit und in welcher Form diese Absicht realisiert wurde, geht aus den Quellen nicht hervor. Einen Hinweis enthält allein der Vertrag von 1511.[94] Eine der darin festgeschriebenen Vereinbarungen betraf notwendige Veränderungen an dem neben dem damals noch vorhandenen, ursprünglichen Hauptzugang zur Burg stehenden Marstall Günthers. Für die zur beabsichtigten Vergrößerung des Torraums notwendigen Maßnahmen wurden zwei Möglichkeiten vorgeschlagen, von denen eine sich auf einen Eingriff in das bestehende Stallgebäude zugunsten des bestehenden Haupttors an der Südseite bezog, die andere auf einen Teilabbruch für eine vielleicht zu errichtende neue Toranlage an der Ostseite von Vorderort. Wie sich zeigt, war also zu diesem Zeitpunkt – um 1511 – über den künftigen Zugang zur Burg Mansfeld noch nichts entschieden. Die endgültige Lösung muss dann wenig später in der Verwirklichung von Variante 2 gefunden worden sein. Was die Hofhaltung Graf Günthers anlangt, so scheint er trotz aller Baumaßnahmen für seinen Sitz auf Mansfeld weniger dort als vornehmlich auf dem Schloss in Eisleben residiert zu haben.[95]

DER AUSBAU VON HELDRUNGEN

Graf Ernsts Verzicht auf beträchtliche Stücke des ihm 1501 zugefallenen Anteils an der Burg Mansfeld ist mit Blick auf seine persönliche Situation unschwer verständlich: Er benötigte keine ständige Wohnstatt am gräflichen Stammsitz, denn er hatte im Zuge der großen Erbteilung das Amt Heldrungen mit der zugehörigen Burg erhalten und war – frisch vermählt – bald darauf dort eingezogen. C. Spangenberg berichtet dies in unterschiedlicher Textfassung. Zum einen: »Anno 1501 hat Grave Ernst von Mansfelt [...] mit seiner Gemahel F[rau] Barbaren zu Querrnfurt auf Heldrungen Heimfahrt gehalten. Denn ihme dasselbige Haus in der Teilung mit seinen Brüdern heimgefallen. Darumb er auch Anno 1502 zu bessern angefangen und hernach daselbst hausgehalten«.[96] An anderer Stelle heißt es: Graf Ernst hat »auf diesem Hause zuvor Anno 1501 mit seiner ersten Gemahln F[rau] Barbaren von Quernfurt Heimfahrt gehalten und seine Haushaltung alda angestellet und folgends mit notwendigen Gebeuen gebessert«.[97] Mit den Formulierungen »zu bessern angefangen« und »mit notwendigen Gebeuen gebessert« sind zweifellos bauliche Maßnahmen gemeint, mit denen Ernst die vorgefundene hochmittelalterliche Burg für die zugedachte Aufgabe als künftige Residenz herzurichten begann. Über diese Burg, die vielleicht als Wasserburg oder als Turmhügelburg angelegt war,[98] haben die sorgfältigen bauarchäologischen Untersuchungen und umfassenden archivalischen Forschungen von Reinhard Schmitt, vor allem in den Jahren 1984 bis 1990, wichtige Aufschlüsse gebracht und von ihrer Entstehungsgeschichte und einstigen Gestalt ein sehr genaues Bild gezeichnet.[99] Sie bestand aus einer Kernburg mit zwei Rundtürmen und war an der Ostseite durch einen Halsgraben von der damals sicherlich vorhandenen Vorburg getrennt. Ihre Bauten hat man für die von Graf Ernst vorgesehene Neugestaltung mit Schloss und Festung – nach einem wohl von Anfang an einheitli-

DER AUSBAU VON HELDRUNGEN

ABB. 29
Heldrungen, Magazingebäude von Nordwesten

chen Plan – großenteils bis zur Bodengleiche abgebrochen.[100] Nur weniges von den alten Wohn- und Wirtschaftsgebäuden musste vorübergehend belassen werden, damit die Burg während des Neubaus bewohnbar blieb. In den Schlossneubau wurden dann außer verschiedenen Kellern nur Stücke der Ringmauer und der kleinere Rundturm (»Müntzerturm«) einbezogen.

Zu den ersten neuen Gebäuden, die auf dem Burgareal entstanden, gehörte höchstwahrscheinlich der langgestreckte, später als Magazin genutzte und dementsprechend bezeichnete Bau (Abb. 29), an den sich westlich eine rechteckige Schlosskapelle unmittelbar anschloss.[101] Analog zur Schlosskirche in Mansfeld wurde auch die Kapelle in Heldrungen als Stiftskirche zur Aufnahme eines Kapitels mit Dechant, Kantor, Vikaren und Chorschülern bestimmt.[102] Der nach alten zeichnerischen Aufnahmen zu rekonstruierende, verhältnismäßig kleine und schlichte Kapellenbau dürfte der Ersatz für eine ältere, auf der mittelalterlichen Burg vorhandene Kapelle gewesen sein. Von dieser ist lediglich bekannt, dass 1488 eine dort bereits bestehende Vikarie bestätigt wurde und es 1495 eine *vicaria b. Mariae in castro* gab. Die 1506 in einer Mainzer Steuerliste aufgeführte *Vicaria sancti Mauritii in castro* gehörte vermutlich bereits zur Ausstattung der neuen Kapelle, die dem hl. Mauritius geweiht war, wie aus der Aufzeichnung einer 1511 durch Graf Ernst vorgenommenen Erneuerung einer »ewigen Stiftung« hervorgeht.[103]

Für die Errichtung des Magazinbaus und der gleichzeitig entstandenen Kapelle findet sich weder an der vorhandenen Bausubstanz noch in archivalischen Quellen ein Datum. Auch die spätgotischen Vorhangbogenfenster erlauben als kennzeichnendes Baudetail entwicklungsgeschichtlich nur eine annähernde Einordnung. Denn die gleiche Fensterform wie hier in Heldrungen bzw. in der Abwandlung mit eingestelltem Mittelpfosten gehörte seit dem Wirken Arnolds von Westfalen in Meißen zum geläufigen Formenschatz im Schlossbau, aber auch im übrigen Profanbau Mitteldeutschlands und fand im letzten Drittel des 15. und ersten Viertel des 16. Jahrhunderts vielfach, gelegentlich noch im folgenden zweiten Viertel Verwendung.[104] Für eine Entstehung schon im 15. Jahrhundert gibt es in Heldrungen keine Anhaltspunkte. Von irgendwelchen Bauarbeiten vor 1500, nach dem Erwerb der Burg durch die Grafen von Mansfeld 1479/1484,[105] d. h. in der Zeit der Grafen Gebhard († 1492) und Volrad († 1499), ist nichts bekannt und auch kaum etwas anzunehmen. Daher spricht für die Verwendung der Vorhangbogenfenster in der hier gewählten Gestaltung am wahrscheinlichsten eine Datierung ins frühe 16. Jahrhundert, als Graf Ernst die alte Burg nach 1502 »mit notwendigen Gebeuen gebessert« hat. Eine Einordnung noch ins erste Jahrzehnt geht

Kleine Hefte zur Denkmalpflege 16   31

DAS »MANNSFELDISCHE MONUMENT«

ABB. 30
Heldrungen, Bauten im Nordtrakt der alten Vorburg mit Torturm und Fronfeste, um 1800 (SHStA Dresden: Rissschrank XXVI, Fach 95 Nr. 1e)

ABB. 31
Schloss Heldrungen mit innerem Befestigungsring von Nordwesten

mit der Beobachtung zusammen, dass diese Fensterform etwas später beim Bau des Schlosses nicht mehr zur Anwendung kam.[106]

Außer dem großen Bau von Magazin und Kapelle im Süden des alten Vorburgareals gehörten wohl auch die an der Nordseite errichteten Bauten von Torhaus und anschließender Fronveste (Abb. 30) zu den Arbeiten dieser Zeit.[107] Letztere sind – 1804 abgebrochen – aufgrund der dort einst vorhandenen, nur in Abbildungen überlieferten und danach sicherlich gleichartig gestalteten Vorhangbogenfenster zu den damals in der ersten Bauphase auf Heldrungen entstandenen Neubauten zu rechnen.

Deren Lage und Funktion, so muss man annehmen, bedingte auch eine zeitnahe Aufführung der großen, das Areal umschließenden Ringmauer. Was aber zur Umsetzung der Gesamtplanung mit der Befestigung in dieser Zeit vor Errichtung des Schlosses tatsächlich getan worden ist, entzieht sich ohne bauarchäologische Untersuchungen jeglicher Kenntnis.

Der Beginn der Arbeiten am Schloss im Frühjahr 1512 ist durch die bereits erwähnte Bauinschrift überliefert.[108] Danach hat

DER AUSBAU VON HELDRUNGEN

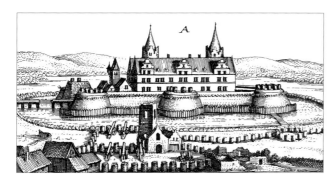

ABB. 32
Schloss Heldrungen von Westen. Kupferstich von Matthäus Merian 1650

ABB. 33
Schloss und Festung Heldrungen von Nordwesten. Kupferstich nach Zeichnung von Wilhelm Richter 1664, Ausschnitt

man »dieses Gebäude auf Montag Quasimodogeniti [= 19. April] A(nno) 1512 angefangen«.[109] Spangenberg präzisierte diese Nachricht durch den Zusatz: »von neuem zu bauen angefangen«. Was ab 1512 als repräsentativer Wohnsitz für Graf Ernst entstand, wurde ein für seine Zeit sehr moderner, weitgehender Neubau. Er war unter Einbeziehung von Teilen der hochmittelalterlichen Burg, ihrer Keller, eines Abschnitts der südlichen Ringmauer und des einen der beiden Rundtürme eine nahezu regelmäßige Vierflügelanlage. In seiner Gestaltung vereinte er sowohl im Ganzen als auch im Detail, etwa in der Ausbildung der Fenster und Türen, Formen der Übergangszeit von der Spätgotik zur Frührenaissance.[110] Seine ursprüngliche Formgebung ist trotz der im Laufe der Zeit erlittenen Veränderungen an den originalen Partien noch immer ablesbar (Abb. 31). Die Gesamterscheinung freilich ist durch den Abbruch des Ostflügels – nach starken Schäden im Dreißigjährigen Krieg[111] – um die Mitte des 17. Jahrhunderts[112] und die Umgestaltung und teilweise Aufstockung des Nordflügels[113] sowie kleinerer Eingriffe erheblich beeinträchtigt. Schwerwiegend ist zudem der Verlust der 1688/89 abgebrochenen Zwerchhäuser, die ein wesentliches Element des Aufrisses bildeten.[114] Sie bereicherten, wie die Abbildungen des Schlosses aus dem 17. Jahrhundert[115] verdeutlichen (Abb. 32, 33), die Dachzone zumindest der landseitigen Fassaden des West- und des Südflügels. Bei der Form der Giebel dieser Zwerchhäuser, deren Gestaltung auf den Stichen und der Zeichnung naturgemäß nur andeutungsweise wiedergegeben sein kann, dürfte es sich – wie der Vergleich der verschiedenen Darstellungen ergibt – um »Welsche Giebel« gehandelt haben.[116]

Kurz nach Beginn der Bauarbeiten kam es zu einem Treffen des Bauherrn mit Graf Philipp von Solms-Lich, das für die Gesamtanlage von Heldrungen von nicht unerheblicher Bedeutung gewesen ist. Beide kannten sich, waren sie doch bereits auf den Reichstagen 1505 in Köln und wohl auch 1510 in Augsburg einander begegnet.[117] Jetzt führte sie ein familiärer Anlass zusammen. Nach dem Tod seiner ersten Gemahlin Barbara, die im Jahre 1511 verstorben war, ging Graf Ernst am 14. Juni 1512 die Ehe mit Dorothea von Solms ein, der Tochter des Grafen Philipp.[118] Die Hochzeit fand, wie es zu dieser Zeit bei Standesgleichheit der Brautleute üblich war, sicher in Lich, dem Wohnsitz des Brautvaters statt. In Lich lernte Ernst nicht nur eine in ihrer Größe mit Heldrungen vergleichbare mittelalterliche Wasserburg kennen, sondern vor allem den im Gang befindlichen Bau einer nach den neuesten fortifikatorischen Erkenntnissen gestalteten Befestigung der Stadt, in die auch die Burg einbezogen war. Der damals wohl weitgehend noch spätmittelalterliche Bau, der den hier residierenden Grafen von Solms als Schloss diente, war eine Vierflügelanlage mit runden Ecktürmen, umschlossen von einer massiven Ringmauer, aus der runde und rechteckige Eckbasteien und mittlere Streichwehren vortraten, und einem breiten Graben (Abb. 34).[119] Diese Befesti-

ABB. 34
Grundriss des Schlosses zu Lich. Zeichnung von 1610/17 (Kassel, Universitätsbibliothek 2° Ms. Hass. 107)

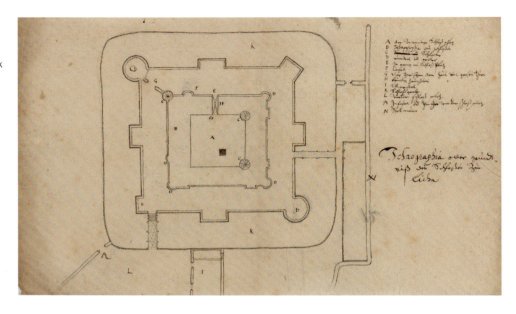

ABB. 35
Plan der Stadt Lich mit der Befestigung des 16. Jahrhunderts

gung entsprach in ihrer Anlage im Wesentlichen dem zu dieser Zeit höchstwahrscheinlich schon geplanten inneren Befestigungsring von Heldrungen. Darüber hinaus dürfte für Graf Ernst der Aufbau der um die Stadt herumführenden Umwallung von besonderem Interesse gewesen sein, die auf Anordnung von Graf Philipp gerade entstand.[120] Diese neue Stadtbefestigung (Abb. 35) hatte die Form mächtiger Erdwälle mit Eckrondellen und einem vorgelagerten Wassergraben – eine damals neue Fortifikationsweise,[121] die in Heldrungen für den äußeren Befestigungsring zur Anwendung kam. Lich könnte für den Bau der Heldrunger Erdbefestigung mit dem hohen Wall, den vier Erdrondellen, drei Streichwehren und der Torbastei sowie einem äußeren Wassergraben zum unmittelbaren Vorbild geworden sein.[122]

Für die Ausführung der Gesamtanlage mit dem Schloss in Heldrungen (Abb. 36) wird von der Forschung im Wesentlichen der Zeitraum von 1512 bis 1519 und als Voraussetzung aller Maßnahmen eine »offensichtlich einheitliche Planung« angenommen.[123] Von den genannten beiden Daten ist nur das Jahr 1512 als Zeitpunkt für den Beginn des Schlossbaus durch die Quellen gesichert. Die Frage hingegen, wie lange man für dessen Errichtung gebraucht hat, lässt sich nicht zwingend beantworten, da hierfür jegliche Aussage fehlt. In der älteren Literatur wurde ohne weitere Begründung an eine Fertigstellung des neuen Schlosses im genannten Jahr 1519 gedacht.[124] Im Unterschied dazu hat R. Schmitt im Ergebnis seiner Untersuchungen und nach ihm I. Roch-Lemmer den Abschluss der Arbeiten am Schloss erst für die 1530er Jahre angenommen.[125] Maßgebend hierfür war für Schmitt zum einen die indirekt erschlossene Jahresangabe 1528 auf dem Inschriftstein und zum andern die dendrochronologische Bestimmung eines im Erdgeschoss

DER AUSBAU VON HELDRUNGEN

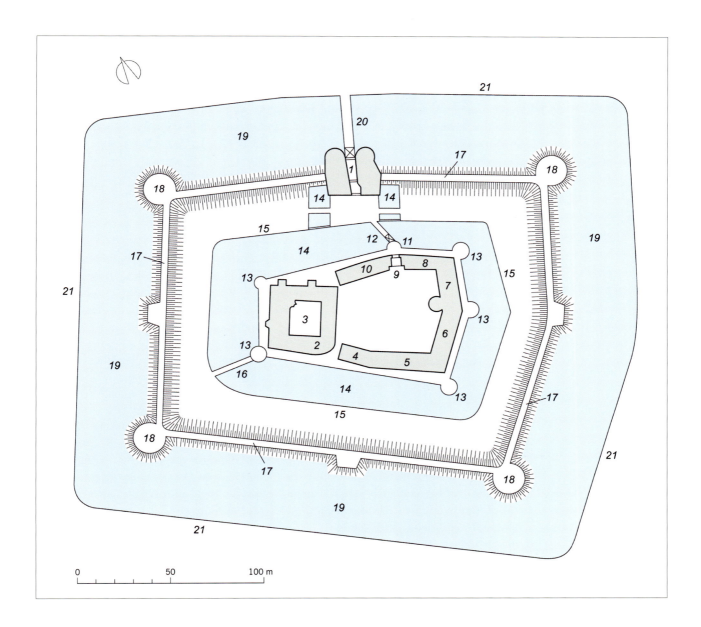

ABB. 36
Grundriss der Festung und des Schlosses Heldrungen nach Abschluss der Bauarbeiten in der ersten Hälfte des 16. Jahrhunderts
1 Torbastion
2 Münzerturm
3 Schloss
4 Kapelle
5 Magazinbau mit Kanzlei und Sakristei
6 Brauhaus
7 Pferdeställe
8 Stuben und Ställe
9 Torhaus
10 Amtsstuben und Ställe
11 Rondell mit Zugang zur Zugbrücke
12 Brücke über den inneren Wassergraben
13 Rondelle der inneren Wehrmauer
14 innerer Wassergraben mit Stichgräben zur Torbastion
15 äußere Grabenmauer des inneren Wassergrabens
16 Brücke über den inneren Graben
17 Erdwall
18 Eckbastionen aus Erde
19 äußerer Wassergraben
20 Brücke und Zugbrücke über den äußeren Wassergraben
21 äußere Grabenmauer des äußeren Wassergrabens (Rekonstruktion von Reinhard Schmitt, geringfügig verändert, Reinzeichnung Bettina Weber)

des Schlossnordflügels verwendeten Unterzugbalkens, der »frühestens im Jahre 1537 eingebaut worden sein kann«.[126] Von beiden Argumenten ist jedoch das eine unzutreffend, das andere sehr fragwürdig. Denn dass die Jahresangabe der vermeintlichen »Bauinschrift« nicht als Baudatum verstanden werden kann, ist S. 14 bereits erläutert worden, und für den Unterzugbalken ist der vorgefundene Einbau vom Befund her nicht eindeutig als Erstzustand anzusehen. Der Balken dürfte an dieser Stelle wohl doch von einer Auswechslung im Zuge der späteren Baumaßnahmen am Nordflügel stammen.[127] Gegen eine aus den beiden angeblichen Belegen erschlossene Gesamtbauzeit von mindestens 16 bzw. über 25 Jahren spricht auch die festgestellte architektonische Einheitlichkeit und die keineswegs übermäßige Größe des Schlosses, ganz abgesehen davon, dass eine so lange Bauzeit sicher im Widerspruch zu dem selbstverständlichen Wunsch des Bauherrn nach einer kurzfristig und vollumfänglich möglichen Hofhaltung und seinem auf Repräsentation eingestellten Standesbewusstsein gestanden hätte. Einen Hinweis auf die frühe Nutzung geben auch die verschiedenen Zusammenkünfte der Mansfelder Grafen »auf dem Haus Heldrungen«.[128] Statt der bisherigen Spätdatierung muss also für die Vollendung des Schlosses ein erheblich früherer Zeitpunkt angenommen werden, der noch im zweiten Jahrzehnt und wohl tatsächlich um oder sogar vor 1519 zu suchen sein dürfte.

Die in den Quellen überlieferte Jahresangabe 1519 bezieht sich aber dort nicht auf das Schloss, sondern auf ein Geschehen, das zuerst von C. Spangenberg mit dem Ausbau zur Festung in Zusammenhang gebracht worden ist. Im 1. Teil der Mansfeldischen Chronica heißt es: »[...] dazumal [1519] hat Graffe Ernst [...] mit Graffen Adam zu Beichlingen vmb die Graffeschafft Beichlingen in handelung gestanden, vnd eine statliche summa Geldes bey einander gehabt, ihme dieselbige abzukeuffen.« Da aber Herzog Georg von Sachsen als Lehnsherr dem Kauf seine Zustimmung versagte, habe Ernst das für den Erwerb bestimmte Geld »genomen vnd die Festung zu Heldrungen dauon gebawet.«[129] Die Kaufverhandlungen waren bereits im Jahr zuvor erfolgt. Das geht aus einem Schreiben Herzog Georgs an die Grafen Ernst und Hoyer hervor, das er am 30. Dezember 1518 an sie richtete und in dem er seine Mißbilligung des vorgesehenen Kaufs zum Ausdruck brachte.[130] Des Herzogs Einspruch führte tatsächlich zur Unterlassung der Transaktion. Schon wenig später, im März 1519, erfolgte ein Verkauf Beichlingens an den herzoglichen Rat und Amtmann von Weißenfels Hans von Werthern.[131]

Als Spangenberg Anfang des 17. Jahrhunderts den vierten Teil seiner Chronica mit dem Abschnitt über Heldrungen niederschrieb, ordnete er denselben Vorgang in etwas kürzerer Fassung ins Jahr 1518 ein, fügte aber ein präzisierendes Adverb ein. Er schrieb jetzt, dass Graf Ernst das für den Kauf von Beichlingen bestimmte »Geld *vollend* an Heldrungen gewandt und die Festung daselbst gebauet« hat.[132] Damit verdeutlichte er: Die Arbeiten an der Festung waren – möglicherweise sogar schon längere Zeit – im Gange und konnten aufgrund der nunmehr zusätzlich verfügbaren finanziellen Mittel vollendet werden. Mit dem jetzt verstärkt möglichen Aufwand betrieben, könnten sie sogar noch 1519 zum Abschluss gekommen sein, was in den Quellen zur Festlegung dieser Jahreszahl als Erbauungsdatum geführt hat.[133] Die uneingeschränkte Nutzung von Schloss und Befestigung zeigte sich spätestens im Bauernaufstand 1525, als Heldrungen vor der Entscheidung in Frankenhausen in den Mittelpunkt der Kämpfe rückte,[134] wovon mehrere Einzelaktionen zeugen.[135]

Sämtliche Arbeiten, der Bau des Schlosses und die Anlage der mächtigen Fortifikation, sind – so darf man aus dem Vorstehenden zusammenfassend schließen – im zweiten Jahrzehnt des 16. Jahrhunderts parallel zueinander verlaufen und wahrscheinlich auch beendet worden. Dazu bleibt die

DER AUSBAU VON HELDRUNGEN

Frage: Hat man sie auch gleichzeitig begonnen? Im Unterschied zum feststehenden Datum für den Schlossbau gibt es für den Anfang des Befestigungsbaus keinen Anhaltspunkt. Möglicherweise ist er nicht erst zusammen mit dem Schlossbau in die Wege geleitet worden, sondern schon etwas früher, und zwar im ersten Jahrzehnt des 16. Jahrhunderts, als die Gebäude des Vorschlosses errichtet wurden. Denn diese setzen nicht nur den Gesamtplan der Anlage mit der Befestigung voraus, sondern auch eine zeitnahe Aufführung zumindest der inneren, das große Areal umschließenden Ringmauer mit den sechs Rondellen – einschließlich der Torbastei – und dem inneren Wassergraben.

Bei einer Entstehung im zweiten Jahrzehnt ordnet sich das »Haus Heldrungen« auch mit seinem architektonischen Aufwand in die zeitliche Abfolge der neuen, von den Grafen von Mansfeld nach der Erbteilung von 1501 errichteten Schlossbauten etwas früher ein als bisher angenommen. Damit ist weniger das zeitübliche Repertoire der Tür- und Fenstergestaltung angesprochen als vielmehr der Gebrauch der Welschen Giebel. Ihre baugeschichtliche Beurteilung bereitet Schwierigkeiten. Denn da sie durchgehend nicht erhalten sind und auch die schriftliche Überlieferung keinerlei Auskunft gibt, ist man allein auf die Aussage der wenigen Bildquellen angewiesen: für die Schlösser von Vorder-, Mittel- und Hinterort auf die Burgdarstellungen von Lucas Cranach d. Ä. (1529) und Lucas Cranach d. J. (1549) und den Stich von Matthäus Merian (1650), für Heldrungen auf die Stiche von Merian (1650) und Wilhelm Richter (1664). Auf den Mansfelder Ansichten von 1529 und 1549 (Abb. 27, 25), die als solche zuerst von I. Roch erkannt und untersucht wurden,[136] fallen in der Wiedergabe der Dachlandschaften gravierende Unterschiede auf, die einmal der unterschiedlichen Entstehungszeit und zum andern der Bildgröße und künstlerisch bedingten Abbreviatur geschuldet sein können. Schloss Vorderort zeigt auf beiden

ABB. 37
Dom zu Halle mit den südlich anschließenden Gebäuden von Küsterhaus und Arkadengang zur Residenz von Südosten

Gemälden eine Reihe von einfachen oder gestuften Halbrundgiebeln jeweils über einem Rechteckaufsatz oberhalb der Traufe. Ähnlich erscheint Schloss Mittelort, doch hier erst 1549, als der Bau bereits vollendet war. Auf der Ansicht von 1529 dürfte noch der Zwischenzustand mit dem Notdach infolge der Bauunterbrechung wiedergegeben sein. Vom Vierflügelbau von Hinterort, der 1529 sicher schon fertig gewesen ist, hat erst das Bild von 1549 mit seinen spätgotischen Giebeln und Zwerchhäusern den tatsächlich ausgeführten Bau realitätsnah festgehalten. Hingegen haben die stattlichen Welschen Giebel von 1529 nur eine fiktive Bedeutung und somit als Architekturmotiv hier keinen Aussagewert.

Die Form der Giebel in Heldrungen, die wohl gleichzeitig mit den tragenden Umfassungsmauern aufgeführt wurden und somit keine spätere Zutat waren,[137] lässt sich nach der Umrissgestalt auf den Kupferstichen von Merian (Abb. 32) und Richter (Abb. 33) nicht ganz zweifelsfrei erkennen. Wahrscheinlich handelte es sich statt der verschiedenen Halbkreisformen in Mansfeld um Zwerchhausaufsätze aus gestaffelten Rechteckfeldern mit seitlichen Viertelkreisbögen und bekrönendem Rundbogen.

DAS »MANNSFELDISCHE MONUMENT«

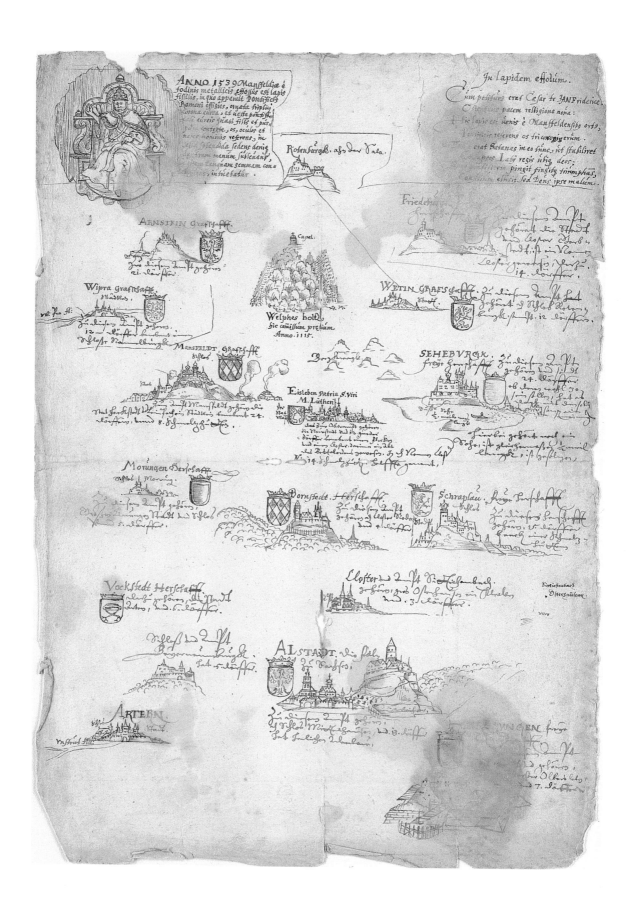

DER AUSBAU VON HELDRUNGEN

In der Rezeption und Entwicklung der Welschen Giebel in Deutschland nehmen die Schlösser der Mansfelder Grafen nach Auffassung der Forschung inzwischen einen vorderen Platz ein.[138] Die in der vorliegenden Studie aufgrund erneuter Quelleninterpretation gefundenen Datierungen bestätigen diesen Ansatz und präzisieren ihn. Bemerkenswerterweise stehen danach die Giebel von Schloss Heldrungen aufgrund ihrer anzunehmenden Vollendung vor bzw. um 1519 in der bauzeitlichen Abfolge am Anfang der Reihe, unmittelbar gefolgt von Schloss Vorderort, das mit seinen zahlreichen Welschen Giebeln frühestens 1520, wahrscheinlich noch etwas später fertig war. Der verzögerte Bau von Mittelort schloss sich erst nach 1532 an. Folgenreich sind diese Feststellungen für die bislang als früheste Beispiele in Deutschland angesehenen Rundbogengiebel des halleschen Doms (Abb. 37).[139] Sie ordnen sich nach Heldrungen ein und entstanden fast parallel zu Vorderort. Denn als man dort – so muss man wohl annehmen – noch mit der Errichtung der Giebel beschäftigt war, kam es in Halle zu ihrer Planung; sie setzte nach den Dendrodaten für das Dachwerk 1520/22 ein, während ihre Ausführung 1524 erfolgte.[140]

Nach dem Schloss in Heldrungen veranlasste Graf Ernst um 1525, dem Zeugnis Spangenbergs zufolge, in Artern den Bau eines weiteren Schlosses »mit welschen giebeln und umbgengen«,[141] das 1795 in seiner Gesamtheit bis auf geringe Reste abgebrochen worden ist. Artern war nach Heldrungen wichtigster Ort seiner Herrschaft. Das Schloss besaß Ernst, nachdem ihm 1506 sein Bruder Günther und Graf Albrecht ihre ererbten Anteile abgetreten und bis 1510 auch die Grafen von Honstein die vereinbarte Kaufsumme vollständig erhalten hatten,[142] mit allen zugehörigen Rechten als Nebenresidenz allein und er hat es dafür »aus dem Grunde neue und zierlich gebauet«. Eine einzige Bildquelle, die Skizze der Stadt Artern auf einer Federzeichnung der Grafschaft Mansfeld (Abb. 38) aus dem letzten Drittel des 16. Jahrhunderts,[143] scheint

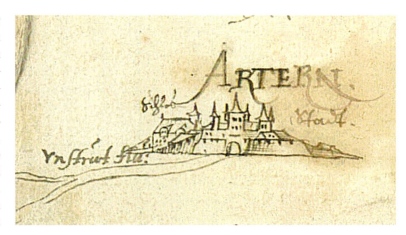

die Rundgiebel des Schlosses anzudeuten.[144] Trotz der Kleinheit und starken Vereinfachung ist diese Skizze (Abb. 39) zusammen mit der Nachricht Spangenbergs als Beleg für die Existenz der Giebel auf jeden Fall authentischer als es im Vergleich dazu die verschiedenen gemalten Wiedergaben von mehreren Gebäuden der Stadt Eisleben sein können, die von der Forschung als Zeugen für ein früheres Vorhandensein weiterer Rundgiebel an Bauten der Grafen von Mansfeld herangezogen werden.[145] Dabei handelt es sich um Darstellungen des (gänzlich verlorenen) Stadtschlosses,[146] des Stadtsitzes der Linie Mansfeld-Hinterort (Markt 58)[147] und der Klausur des Augustiner-Eremitenklosters St. Annen.[148] Inwieweit die Annahme für die beiden erstgenannten Bauwerke zutrifft, bleibt in Ermangelung sonstiger sicherer Anhaltspunkte völlig offen.[149] Und dass an der Annahme, diese Epitaphgemälde würden einen gebauten Zustand zeigen, berechtigte Zweifel angebracht sind, beweist das Beispiel des Annenklosters. Denn dort ist inzwischen durch bauarchäologische Untersuchungen zweifelsfrei festgestellt worden, dass es an dem Klostertrakt südlich der Kirche keine Rundbogengiebel gegeben hat, sondern die erhaltenen Fachwerkgiebel der Zwerchhäuser (Abb. 40) bis heute die Originalform von 1516 darstellen.[150]

Das hier angenommene frühe Auftreten der Welschen Giebel bereits um 1519 am

ABB. 38 LINKE SEITE
Die gräflich-mansfeldischen Besitzungen um 1570. Federzeichnung von Tileman Stella oder Johannes Mellinger (LASA MD: Slg. 1, A V Nr. 4)

ABB. 39
Schloss und Stadt Artern. Ausschnitt aus Abb. 38

ABB. 40
Lutherstadt Eisleben, Augustiner-Eremitenkloster St. Annen. Ostflügel der Klausur

Schloss in Heldrungen wirft einmal mehr die generelle Frage nach der Entstehung der Rundgiebelform auf. Gebaute Halbkreisgiebel sind in der nordalpinen Architektur bis zu diesem Zeitpunkt unbekannt. Eine autochthone »Erfindung« dieser Neuerung aus dem hier herrschenden spätgotischen Formverständnis heraus und gar durch einen bestimmten Baumeister wird von der Forschung zu Recht ausgeschlossen.[151] Hingegen erklärt man ihr Aufkommen seit langem durch Vorbilder, die sich in der Architektur der oberitalienischen, vornehmlich der venezianischen Frührenaissance finden.[152] Verwiesen hat man dabei vor allem auf eine Reihe von Sakralbauten und Scuolen in Venedig.[153] An ihren Fassaden wurden in der zweiten Hälfte des 15. Jahrhunderts von den Architekten Mauro Codussi und Pietro Lombardo völlig neue Giebelformen ausgebildet (Abb. 41–43), die im Aufriss nach spätgotischen Vorstufen[154] in der weiteren Entwicklung mit einer horizontal und vertikal strengen Gliederung »rationalisiert« sind. In der Anordnung der Kirchenfront treten dabei über der Trauflinie zwei Konfigurationen auf: die eine mit der Verwendung eines einzelnen Halbkreisabschlusses oder mehrerer aneinander gereihter oder gestaffelter Rundgiebel, die andere mit einem mittleren Rechteckaufsatz, der beidseits von einer Segment- oder Viertelkreismauer begleitet wird und oben von einem Halbkreis bekrönt ist.

Beide Grundformen, die in Venedig an Kirchenbauten als ein architektonisch auszeichnendes Würdemotiv ausgebildet wurden, finden in Mitteldeutschland – abgese-

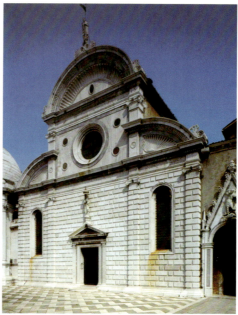

ABB. 41
Venedig, S. Maria dei Miracoli, südliche Fassade, Pietro Lombardo 1489

ABB. 42
Venedig, S. Michele in Isola, Fassade, Mauro Codussi 1478

ABB. 43
Venedig, Scuola Grande di San Marco, Fassade, Pietro Lombardo und Mauro Codussi 1485–1495

hen vom Sonderfall des halleschen Doms – bemerkenswerterweise nur am Profanbau Eingang und treten hier zuerst in Mansfeld und Heldrungen an den neuen Schlössern der Grafen von Mansfeld auf. Wie die Ansichten von 1529 und 1549 (Abb. 27, 25) in starker Vereinfachung zeigen, folgte man bei den Giebeln von Schloss Vorderort der

Gestaltung mit einfachen, gereihten oder gestaffelten Halbkreisabschlüssen. In Heldrungen hingegen scheint man sich an der zweiten Variante mit dem hochgestellten Halbkreisabschluss zwischen Viertelkreisen orientiert zu haben.

Was die Grafen von Mansfeld-Vorderort als Bauherrn bewogen hat, für die Zwerchhausgiebel ihrer Schlösser statt einer der zu dieser Zeit hierzulande noch gebräuchlichen spätgotischen Giebelgestaltungen[155] die ungewöhnlich neuartige Rundbogenform aufnehmen zu lassen, wissen wir nicht. Es sind verschiedene Gründe und Wege der Vermittlung denkbar, die zu ihrer Rezeption geführt haben. Allgemein ist gerade in den letzten Jahrzehnten über Ausgangspunkt und Hintergründe, die einer Formübernahme vorausgegangen sind, mit unterschiedlichem Ansatz geforscht worden. Von kunst- und architekturhistorischer Seite wurde nach formanalytischen Studien[156] vor allem von der ikonologischen Forschung und der historischen Semantik den Fragen des ursächlichen Zusammenhangs der Rezeptionen nachgegangen.[157] Wie man zur Genüge weiß, spielten die Künstler für die Aufnahme und Umsetzung italienischer Renaissanceformen naturgemäß eine befördernde Rolle. Inhaltlich gesehen ging das Rezeptionsverlangen bei Werken, denen ein Auftrag zugrunde lag, vorrangig von Vorstellungen und auch konkreten Wünschen des Auftraggebers aus. Als Ausgangspunkt konnten unmittelbare persönliche Begegnungen oder Eindrücke eine für den Transfer inspirierende Bedeutung haben. Ebenso möglich war die mündliche oder schriftliche Vermittlung durch Dritte. Auf eine solche Weise könnte sich auch die Übertragung im Falle der Grafen von Mansfeld abgespielt haben, und zwar durch die direkte Kenntnisnahme venezianischer Baudenkmale und den Bericht über das Gesehene von Graf Günther, der vor 1507 mehrmals in Venedig gewesen ist. Er hatte nach Spangenbergs biografischen Angaben die Lagunenstadt auf Italienreisen (»als er Italiam besehen«) bereits zweimal aufgesucht, bevor er 1507 von dort aus eine Palästinafahrt antrat und 1508 auf der Rückreise dahin wieder zurückkehrte.[158] Er hatte also ausgiebig Gelegenheit, sich in der Stadt umzusehen, und könnte seinen Brüdern, Graf Ernst, der selbst wohl niemals in Italien und Venedig gewesen ist,[159] und Graf Hoyer, der sich etwas später (1509 und 1511) zwar im Veneto aufgehalten hat, aber höchstens bis Padua und vielleicht Treviso gekommen ist,[160] von seinen Eindrücken, auch den prächtigen, zum Teil gerade erst entstandenen Bauten und ihrem neuartigen Erscheinungsbild berichtet haben. Er könnte zudem eine italienische Visierung besorgt und mitgebracht haben,[161] die als unmittelbare Verständnishilfe dienen konnte oder vielleicht sogar als Vorlage Verwendung gefunden hat. Letztlich bleibt es aber mangels sicherer Nachrichten nur eine Vermutung, wie es zur Innovation der frühen Welschen Giebel in Heldrungen und Mansfeld gekommen ist.

ZUR AUSSAGE DER INSCHRIFTEN

Nach dem eingehenden baugeschichtlichen Exkurs zurück zu den Inschriften der Steinplatte, durch deren Hinweis auf Graf Ernst als Bauherrn das Problem der Bauzeit des Schlosses in Heldrungen und deren Einordnung in die von den Mansfelder Grafen im ersten Drittel des 16. Jahrhunderts unternommenen Anstrengungen zur architekto-

ABB. 44
Ferdinand I. von Österreich und Anna von Ungarn: FERD[inandi]: ARCH[iducis]: AVSTR[iae]: ET ANNE HV[n]G[ariae]: REG[inae]: CO[n]IVG[i]V[m] EFFIGIES ... Sog. Hochzeitsmedaille von Hans Daucher, 1523 (München, Staatliche Münzsammlung)

ZUR AUSSAGE DER INSCHRIFTEN

nischen Neugestaltung des Mansfelder Schlossareals aufgeworfen wurde. Wie bereits oben festgestellt, handelte es sich bei den Inschriften nicht um eine Bauinschrift im herkömmlichen Sinn, sondern um zwei Texte, die wie Unterschriften von zwei bildlichen Darstellungen verstanden werden müssen und mit diesen ursprünglich zusammen angebracht waren. Die direkte Verbindung von Text und Bild ergibt sich schon durch das jeweils am Textanfang stehende Nomen *effigies*, das hier – im Unterschied zu den ebenso bezeichneten plastischen Figuren in Bestattungsriten von der Antike bis zur Neuzeit[162] – für »Bildnisse«, d.h. für Porträts der inschriftlich genannten Personen, des Grafen Ernst und seiner Gemahlin Dorothea, gebraucht ist.

Die wörtlich nachdrückliche Bezeichnung eines Bildnisses als *effigies* erwuchs aus »Gedanken und Vorstellungen, wie sie die Humanisten in Deutschland seit Anfang des 16. Jahrhunderts vertraten, in denen sie Besonderheiten und Eigenarten jedes einzelnen Menschen betonten«, was zu dem gestalterischen Verlangen führte, sein Aussehen im Bild festzuhalten und der Nachwelt zu überliefern.[163] Das dem Namen des Dargestellten vorangesetzte *effigies* betonte den Anspruch des Porträts, ein gültiges, der Überlieferung wertes »Abbild« des Genannten zu sein.[164] Vor diesem Hintergrund ist die im ersten Drittel des 16. Jahrhunderts als ausgesprochene Neuerung aufkommende Ausbildung der Porträtmedaille zu sehen,[165] deren Umschrift bei der Nennung des Dargestellten oft mit »Effigies« (s. Abb. 44) oder dem synonym gebrauchten »Imago« eingeleitet wurde,[166] oder dort, wo diese vorgeordnete Bezeichnung weggelassen ist, sie sich durch den Genitivus possessivus des Namens ergab.[167] Zur gleichen Zeit kam es zur ersten formularhaften Verwendung von »Effigies« oder »Imago« auch in der Bildnismalerei und -grafik (Abb. 45, 46).[168] In der Skulptur findet sich eine vergleichbare, die umfassendere »Abbild-«bedeutung unterstreichende Bezeichnung nur in wenigen Beispielen, so etwa an dem kleinen

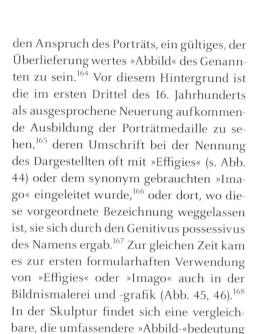

ABB. 45
Sockelinschrift am Bildnis Herzog Ludwigs X. von Bayern, Gemälde von Hans Wertinger: ·IMAGO· SERENISSIMI · LVDOVICI · BAVARIE DVCIS ... 1516, Ausschnitt (München, Bayerisches Nationalmuseum)

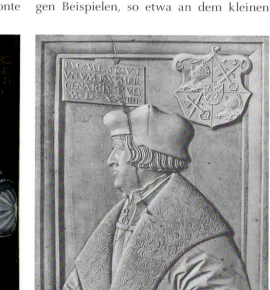

ABB. 46
Johann IV. Prinz von Anhalt, Gemälde von Lucas Cranach d. Ä.: EFFIGIES ILLVSTRIS ADVLESCENTIS DOMINI IOHANNIS PRINCIPIS IN ANHALT ... 1520 (Stiftung Preußische Schlösser und Gärten, Berlin-Brandenburg, Schloss Grunewald)

ABB. 47
Philipp, Pfalzgraf bei Rhein, Bischof von Freising und Administrator von Naumburg: PHILIPPVS E[pisco]PVS FRISINGEN[sis] PALATINVS RHENI (etc.) XLI ANNVM AGENS HANC EFFIGIEM HABEBAT, 1524, Relief von Loy Hering (Nürnberg, Germanische Nationalmuseum)

Kalksteinrelief (Abb. 47), auf dem sich der humanistisch gebildete Philipp Pfalzgraf bei Rhein, Bischof von Freising und Administrator von Naumburg, *in hanc effigiem* (»in seinem wahren Aussehen«) 1524 von Loy Hering festhalten ließ.[169] Auch die indirekte Genitivform kam vor. So entstanden gegen 1515 im Augsburger Kunstkreis zwei Tondi mit den gegenständig angebrachten Reliefbildnissen von Jakob Fugger und seiner Gemahlin Sibylle.[170] Beider Namen ist hier in einer knappen Umschrift angebracht, wobei für den Vornamen der Sibylle Fugger-Arzt der Genitivus possessivus SIVILEN gebraucht wird, was wieder ein fehlendes Substantiv *effigies* oder *imago* voraussetzt. Was bei den Heldrunger Bildnissen zu der bewussten Porträtansage mit dem vorangestellten Nomen *effigies* führte, ob es Ausdruck einer humanistischen Geisteshaltung des Bauherrn war oder ob Graf Ernst einer für diese Zeit typischen Entwicklung und Modeerscheinung folgte, muss offen bleiben, da es zu einer entsprechenden Einschätzung biografisch keinerlei Anhaltspunkte gibt.

QUELLENANGABEN UND ÜBERLEGUNGEN ZUR REKONSTRUKTION DES »MONUMENTS«

Die zu den Inschriften gehörenden Bildnisse sind nicht erhalten. Höchstwahrscheinlich sind sie im Dreißigjährigen Krieg beschädigt worden, als die Feste Heldrungen mehrfach belagert und gestürmt wurde.[171] In ihrer seitdem gestörten Form waren sie vielleicht bis ins ausgehende 19. Jahrhundert noch vorhanden und sind erst beseitigt worden, als man auch den Inschriftstein von seinem ursprünglichen Anbringungsort entfernt hat.[172] Bezeugt ist ihre einstige Existenz durch mehrere Inventareintragungen. Erstmals aufgeführt sind sie in dem nach der Sequestration aufgenommenen Verzeichnis der Schlosseinrichtung von 1572, in dem sie unter den Gegenständen »Vff dem Sahle« summarisch knapp als »Eynn zwiefache eyngefaste Taffel Graff Hans Ernst mit seinem gemahle« aufgeführt sind.[173] Gemeint war damit ein »zweiteiliges, gerahmtes Bild« von Graf Ernst und seiner Gemahlin Dorothea, auf das unten näher einzugehen sein wird. In den Inventaren von 1587, 1591 und 1632[174] ist diese »Taffel« nicht erwähnt. Sie erscheint aber mit ausführlicheren Angaben in den Inventaren von 1746 und 1754/55 und ist hier als ein in Stein ausgeführtes »Mansfeldisches Monument« bezeichnet.[175] Es zeigte im unteren Teil vier Engel, die »zwei Sonnen halten«, worunter man damals die – infolge ihrer starken Zerstörung inhaltlich nicht mehr erkannten – Reliefs der beiden, jeweils von zwei Engeln flankierten Mondsichelmadonnen im Strahlenkranz auf dem erhaltenen Inschriftstein verstanden hat. Als »Unterschrifft« dazu wurden in der Aufzeichnung die Texte der beiden zugehörigen Inschriften festgehalten, die – wie der Vergleich mit dem Inschriftstein zeigt – in ihrem Wortlaut vollständig und fast buchstabengenau wiedergegeben sind. Über den Texten und Reliefs sah man »noch alte Rudera von einen alten Brust Stück«, d. h. die Überreste einer figürlichen Darstellung, von der die plurale Formulierung »Rudera« offen lässt, ob es sich um die Fragmente von nur einem Relief oder von zwei Figuren des gräflichen Paars gehandelt hat. Sie verdeutlicht aber, dass es keine gemalten Darstellungen gewesen sind, sondern skulptierte, die man sich als Reliefbildnisse vorzustellen hat.

Angebracht war das »Monument« 1746 bzw. 1754/55 im »großen Saal« im zweiten Obergeschoss des Schlosswestflügels (Abb. 48) an der Wand »Gegen den Ercker an den Eingange rechter Hand«. R. Schmitt hat diese Ortsangabe unterschiedlich interpretiert, einmal: »an der Wand östlich neben dem Erker«,[176] zum andern: »an der Nordwand des großen Saales«.[177] Genau genommen lässt der Wortlaut in den Inventaren nur die erstgenannte Lesung zu, die andere wird schon durch die Maße ausgeschlossen. Nach heutigem Sprachgebrauch besagt die Angabe des Inventars: das »Monument« befand sich damals »zum Erker hin beim

QUELLENANGABEN UND ÜBERLEGUNGEN ZUR REKONSTRUKTION DES »MONUMENTS

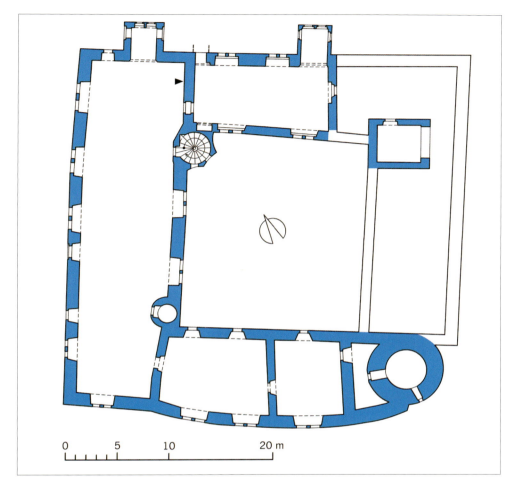

ABB. 48
Schloss Heldrungen, Grundriss des 2. Obergeschosses im 16. Jahrhundert unter Einbeziehung älterer Bauteile und des vermutlichen Umrisses des Ostflügels
▶ wahrscheinlicher Anbringungsort des »Monuments« (Rekonstruktion auf der Grundlage älterer Planaufnahmen und mit Benutzung der Forschungsergebnisse von Klaus-Peter Wittwar, Beate Tomaschek und insbesondere Reinhard Schmitt, Reinzeichnung Bettina Weber)

Eingang nach rechts«, d. h. im großen Saal nach Norden zu, rechts vom Eingang. Das bedeutete: Wenn man den Saal durch die Tür am nördlichen Ende der Ostseite betrat, also aus der im Nordflügel anschließenden »Schwarzen Stube« kam, war das »Monument« rechts von der Tür an der Ostseite des Raums, zur Auslucht hin, an der Wand befestigt.

Bauarchäologische Untersuchungen dieses Wandabschnitts von ca. 4,50 m Breite fehlen. Und da auch Abbildungen, selbst des 19. Jahrhunderts, nicht existieren,[178] gibt es keine gesicherten Anhaltspunkte für die Größe und den Aufbau des steinernen »Monuments«. Um sich dennoch die Gesamtgestalt wenigstens in Umrissen zu vergegenwärtigen, ist man auf die Form und die Maße des Inschriftsteins und die knappen Hinweise in den Inventaren von 1572 und 1746 bzw. 1754/55 angewiesen. Danach lassen sich die zweiteilige Gliederung des Inschriftsteins, der den Unterbau des Ganzen gebildet haben muss, und die dem Inventar von 1572 zu entnehmende Angabe einer zweiteiligen Rahmung für die beiden erwähnten Bildwerke zusammengenommen wohl nur so verstehen, dass über dem Schriftsockel eine in zwei Felder unterteilte Umrahmung angeordnet gewesen ist, in die man die halbfigurigen Reliefbildnisse des Grafen Ernst und seiner Gemahlin Dorothea eingefügt hatte.

Ein steinernes »Denkmal« mit einem entsprechenden Aufbau lässt sich sonst bislang nicht nachweisen. Lediglich eine im grafischen Medium ausgeführte Ehepaardarstellung aus derselben Zeit wie das Hel-

ABB. 49
König Ferdinand von Ungarn und Böhmen und Königin Anna, Holzschnitt von Erhard Schön, nach 1526

drunger »Monument« scheint vergleichbar: der nach 1526 in Nürnberg entstandene Einblatt-Holzschnitt von Erhard Schön[179] mit den Porträts von König Ferdinand von Ungarn und Böhmen und seiner Gemahlin Anna (Abb. 49). Das große Blatt besitzt einen Schriftsockel, der – getrennt in eine linke und eine rechte Hälfte – beider Namen mit allen Standestiteln wiedergibt. Darüber erhebt sich ein gerahmter Aufsatz, der aus einem profilierten Rahmen besteht und ein Rechteckfeld einfasst, das in der Mitte von einer schlanken Balustersäule in zwei Hälften für die Aufnahme der königlichen Bildnisse unterteilt wird. Unter ihnen ist der jeweils zugehörige Namenstext angebracht – im Ganzen eine Anordnung, die man sich auch am »Monument« in Heldrungen vorzustellen hat. Ein wichtiges, in seiner grafisch zentralen Anordnung auffallendes Element der Darstellung sind die beiden Wappen, auf die Ferdinand und Anna mit einer weisenden Geste ausdrücklich hindeuten und damit das Anliegen des Holzschnitts unterstreichen. Denn er verdankte seine Entstehung einem historischen Ereignis: Im Oktober 1526 war Ferdinand zum König von Böhmen gewählt worden und im darauffolgenden Dezember auch zum König von Ungarn.[180] Mit Bezug auf diese Wahlen bezeugen die heraldischen Abzeichen zum einen die hohe dynastische Abkunft und verweisen zum andern mit den aufgesetzten Rangkronen auf die neue königliche Würde.

Mit den drei in dieser Darstellung vereinten Bestandteilen von Schrifttafel, architektonisch gerahmtem Bildnis und Wappen griff dieser Holzschnitt eine Zusammenstellung von Bildelementen auf, die zum Grundschema einer Reihe von grafischen Darstellungen gehörte, das vor 1520 in die Bildnis-Ikonografie eingeführt wurde. An den Anfang der Reihe gehört das kleine Autorenbildnis Ulrichs von Hutten als Edelmann von 1517, das den Dichter in einem Baldachin mit zwei der ererbten Familienwappen zeigt, der sich über einem Sockel mit seinem Namen erhebt.[181] Zugeschrieben wird der unsignierte Holzschnitt dem sog. Petrarcameister, der von der Mehrheit der Forscher, die sich mit dessen Illustrationen zu Petrarcas Werk »Von der Artzney bayder Glück des guten vnd widerwertigen« be-

QUELLENANGABEN UND ÜBERLEGUNGEN ZUR REKONSTRUKTION DES »MONUMENTS

ABB. 50
Karl V., Holzschnitt von Hans Weiditz, 1519

fasst haben, mit dem zwischen 1517 und 1523 in Augsburg als Zeichner und Buchillustrator tätigen Hans Weiditz identifiziert wird.[182] Ein Jahr später (1518) schuf dieser den großen Einblatt-Holzschnitt für »Karolus vo(n) gottes genade(n) Künig in Hispanie« mit dem spanischen Wappen im ornamentalen Aufsatz.[183] Die gleiche Darstellung veränderte der Künstler nach der Wahl Karls V. zum »Römischen König« im Juni 1519 nicht nur in der Wiedergabe der Physiognomie, sondern auch in der konsequenter aufgebauten architektonischen Einfassung (Abb. 50).[184] Auch das Wappen entsprach jetzt der neuen königlichen Würde. Um die gleiche Zeit entstand das großformatige Porträt Kaiser Maximilians I. von Albrecht Dürer in der letzten, wieder von Hans Weiditz kurz nach dem Tode des Herrschers 1519 geschaffenen Fassung (Abb. 51), in der sein Bildnis von einem hinzugefügten dekorativen Säulenpaar und bekrönendem heraldischen Aufsatz mit dem kaiserlichen Wappen gerahmt ist.[185] Weiditz scheint unter den Zeichnern für den Holzschnitt – wie die Beispiele belegen – als Entwerfer dekorativer Würdeformen in Verbindung mit dem Herrscherbildnis offenbar einen besonderen Ruf genossen zu haben. In der Folgezeit wurde die von ihm in die grafische Darstellung eingeführte denkmalhafte Bildgestalt in unterschiedlicher Zusammensetzung auch von anderen Künstlern aufgegriffen, beispielsweise 1523 von Lucas Cranach d. Ä. und seiner Werkstatt (Abb. 52)[186] und 1524 von Erhard Schön.[187] Höchst aufwendig hat sie Christoph Amberger in den um bzw. nach 1530 ausgeführten prächtigen Holzschnitten (Abb. 53, 54) mit den Halbfiguren Kaiser Karls V. und seiner Gemahlin Isabella von Portugal genutzt.[188] Die vermutlich im Zusammenhang mit der Kaiserkrönung in Bologna entstandenen Porträts in der pompösen Rahmung hatten offensichtlich den Wunsch zu erfüllen, mit der künstlerischen Prachtentfaltung die endgültig gewonnene Machtfülle des Herrschers zu demonstrieren.

Wie bei diesen »Denkmälern auf Papier«[189] als kennzeichnendes Attribut gebraucht, kann man auch am »Monument« in Heldrungen die Anbringung der Wappen des gräflichen Paars als Zeugnis seines adligen Standes und Anspruchs annehmen. Einen konkreten Hinweis dürfte ein Kupferstich (Abb. 55) geben, den der Antwerpener Maler, Zeichner und Stecher C. Matsys (Massys) um 1550 geschaffen hat.[190] Auf ihm finden sich, wie die beigefügten Inschriften erläutern, die Porträts von ERNST · GRAF ZU MA(N)SFELT · EDELER HER ZV HELDRVNGE · und DOROTEA · GEBORN VO(N) SZVLMS · GREFIN ZV MANSFELT · und in den oberen Ecken der aus Rollwerkformen und Groteskenelementen zusammengesetzten Einfassung die Wappen beider als Zeugnis ihrer edlen Abkunft: links das Wappen der Grafen von Mansfeld-Heldrungen und rechts das der Grafen von Solms-Lich, des Geschlechts, dem Gräfin Dorothea entstammte. Auf diese Wappen ist unten zurückzukommen.

Kleine Hefte zur Denkmalpflege 16   47

DAS »MANNSFELDISCHE MONUMENT«

ABB. 51
Kaiser Maximilian I., Holzschnitt von Hans Weiditz, 1519

ABB. 52
König Christian II. von Dänemark, Holzschnitt von Lucas Cranach d. Ä., 1523

ABB. 53
Kaiser Karl V. von Christoph Amberger, Holzschnitt von Jost de Negker, um 1530 (Bamberg, Staatsbibliothek)

ABB. 54
Kaiserin Isabella von Christoph Amberger, Holzschnitt von Jost de Negker, um 1530 (Bamberg, Staatsbibliothek)

Seiner Aufmachung nach war der Stich zweifellos ein Auftragswerk. Auf die Frage, wer ihn bestellt haben könnte, gibt es eine naheliegende Antwort: Aufgrund der Zeitstellung – um 1550 – und der geografischen Situation – die Vergabe des Auftrags erfolgte an einen niederländischen Künstler – sowie der familiären Verbindung zu den im Porträt Dargestellten darf man am ehesten in Peter Ernst Graf von Mansfeld den Auf-

ABB. 55
Doppelbildnis von Ernst II. Graf von Mansfeld und seiner Gemahlin Dorothea. Stich von Cornelis Matsys, um 1555

traggeber vermuten.[191] Er verband in seiner Person Mansfeld und die Niederlande. Als einer der Söhne des dargestellten Paars 1517 in Heldrungen geboren, stand er früh schon in kaiserlichen Diensten, war als Heerführer auch in den Niederlanden zu militärischem Ruhm gelangt und seit 1545 Statthalter und Gouverneur des Herzogtums Luxemburg und der Grafschaft Chiny sowie der Grafschaft Namur. Obwohl er »seinen Lebensmittelpunkt letztlich in Luxemburg hatte, blieb er gleichwohl an den fernen mitteldeutschen Stammlanden interessiert«.[192] Es könnte daher sein persönliches Interesse gewesen sein, mit dem Stich sowohl seinen Eltern als auch seiner Mansfelder Herkunft zu huldigen. Angesichts dieser Zusammenhänge wäre dann die Annahme nicht völlig unberechtigt, dass sich in der Gestaltung des Gedenkblatts andeutungsweise vielleicht sogar Erinnerungen an das Heldrunger »Monument« spiegeln.[192a]

DAS GEBESSERTE MANSFELDER WAPPEN UND SEINE VORGESCHICHTE

Wenngleich die Wappen, die am »Monument« angebracht gewesen sein dürften, sich im Original nicht erhalten haben, ist ihr Aussehen überliefert: zum einen, in verkürzter Form ohne Helm und Helmzier, auf dem Stich von Cornelis Matsys und zum andern, mit Oberwappen in heraldisch vollständiger Gestalt, auf zwei Holzschnitten in einem deutschen Messbuch von Jakob Thanner.[193] Der Bearbeiter dieser Übersetzung des *Missale Romanum*, die 1529 in Leipzig gedruckt wurde, war der Theologe Magister Christoph Flurheym. Die Ausarbeitung dieser zweibändigen deutschen Fassung hatte, wie aus der Widmung in der vorangestellten »Epistel« des Autors vom 25. Oktober 1528 hervorgeht, Graf Ernst veranlasst und finanziert. Sie ist in ihrer Bedeutung bislang nur ungenügend gewürdigt worden. Denn Graf Ernsts »Auftrag, eine deutsche Übersetzung der römischen Messe für das ganze Kirchenjahr zu schaffen und seine Finanzierung des aufwendigen Druckes waren eine Pioniertat im altgläubigen Bereich« der reformatorischen Auseinandersetzungen.[194] Es war nur zu verständlich, wenn der Auftraggeber sich in dem Bande angemessen repräsentiert sehen wollte. Mit Bedacht hat er daher an herausgehobener Stelle und in heraldischer

ABB. 56
Wappen von Mansfeld und Solms in »Alle Kirchen gesang vnd gebeth« von Christopoh Flurheym 1529

Anordnung, auf der Doppelseite unmittelbar hinter dem Titelblatt, sein Wappen und das seiner Gemahlin einsetzen lassen (Abb. 56). Während sein Wappen links, also an heraldisch erster Stelle rechts, die Rückseite des Titelblatts (Bl. A1v) einnimmt, steht ihm auf der anderen, heraldisch linken Seite (Bl. A2r) das Wappen der Grafen von Solms-Lich gegenüber. Die persönliche Zuordnung der Wappen ergibt sich aus den Überschriften, links: »Graff Ernst von Manßfeld edler Herr zu Helderunge«, rechts: »Fraw Dorothea/geborne Greffin von Sulmis/ein ehliche gemahel Graff Ernsts von Manßfeld«.

Die grafische Darstellung der Wappen besorgte der nachweislich seit 1522 in Leipzig tätige Maler und Buchillustrator Georg Lemberger, der auch die Entwürfe für die übrigen 191 Holzschnitte schuf, mit denen die Messtexte illustriert sind.[195] Die Übertragung der Vorzeichnungen Lembergers in den Druckstock und die Schnittausführung lagen, wie die Qualitätsunterschiede beim Vergleich der Drucke untereinander erkennen lassen, offensichtlich nicht in einer Hand, sondern wurden von mehreren, ungleich befähigten »Reißern« und Formschneidern übernommen.[196] Das erklärt wohl die teilweise unsaubere Ausführung der Schnitte und auch die Fehler, die sich in die Wiedergabe der Wappen eingeschlichen haben. Es ist allerdings nicht auszuschließen, dass die Ungenauigkeiten auch durch eine unzureichende zeichnerische Vorgabe mit verursacht worden sind. Beide Wappenholzschnitte wurden in verschiedenen Details jedenfalls heraldisch nicht genau ausgeführt.

So sind die im quadrierten Schild von Graf Ernst vereinigten Wappen von Querfurt und Mansfeld erheblich verzeichnet: der sog. Querfurter Schild in den Feldern 1 und 4 ist – statt wie im Regelfall siebenfach – nur fünf- oder sechsfach geteilt,[197] und das Mansfelder Stammwappen ist in den Feldern 2 und 3 eine ungleichmäßig gerautete Fläche, statt von jeweils drei in zwei Reihen übereinandergestellten Rauten besetzt zu sein. Beim Wappen der Grafen von Solms, das in ebenfalls quadriertem Schild das Stammwappen Solms im 1. und 4. Feld mit dem der Herrschaft Falkenstein-Münzenberg verbindet, ist im Falkenstein-Münzenberger Wappen nicht beachtet worden, dass es zu dieser Zeit noch nicht geteilt, sondern mit Schildhaupt von etwa einem Drittel Schildhöhe gebildet war. Erst vom

DAS GEBESSERTE MANSFELDER WAPPEN UND SEINE VORGESCHICHTE

ausgehenden 16. Jahrhundert an wurde die Teilung üblich.[198]

Das Mansfelder Wappen Graf Ernsts war in der hinter dem Titel abgebildeten Form zwischen 1501 und spätestens 1519 entstanden und stellte eine heraldisch bemerkenswerte Neuschöpfung dar. Das war nicht ungewöhnlich, denn schon zuvor hatte das Wappen der Mansfelder Grafen in seiner Form mehrfach eine gravierende Wandlung erfahren. Das verdeutlicht ein Blick auf die vorangehende Entwicklung, die sich an einigen frühen Denkmälern und vor allem an der Ausbildung der Siegel ablesen lässt.[199]

Am Anfang des 13. Jahrhunderts führten die Grafen des ersten Mansfelder Stammes einen Schild mit (im Normalfall) sechs Spitzrauten oder Wecken, von denen jeweils drei in zwei Reihen pfahlweise übereinander angeordnet waren. Graf Burchard I. ließ den Rautenschild verkürzt auf seinem Reitersiegel wiedergeben, das an einer Urkunde von 1226 angebracht ist (Abb. 57) und ebenso in seiner Darstellung auf einer Reihe von Mansfelder Brakteaten wiederkehrt, die in dieser Zeit geschlagen wurden.[200] Auch auf dem für ihn und seine Gemahlin Elisabeth von Schwarzburg geschaffenen Grabstein (der Graf starb 1229, die Gräfin 1240) wurde auf seinem Schild dieses Wappen angebracht.[201] Der seit dem 16. Jahrhundert in der Andreaskirche zu Eisleben aufbewahrte Grabstein ist beidseitig bearbeitet. Die eine Seite, die ursprünglich die Hauptansicht bildete (Abb. 58), zeigt in dem von einer Inschrift gerahmten Mittelfeld die in qualitätvoller Ritztechnik ausgeführte Ganzfigur Burchards I., die andere Seite (Abb. 59) ein bildhauerisch unbeholfen ausgearbeitetes Relief eines sich umarmenden Paars, das offensichtlich für eine spätere Wiederverwendung der Platte angebracht wurde. Die neuere Forschung hat dieses Paar, wie zunächst auch H. Größler 1895,[202] mit dem auf der Vorderseite wiedergegebenen letzten Alt-Mansfelder Grafen Burchard I. und seiner Gemahlin Elisabeth identifiziert.[203] Frühere Autoren hielten es dagegen für die

Darstellung seines Schwiegersohns Graf Burchard IV. von Querfurt (* 1197/1202, † zwischen 1254 und 1256) und dessen Gemahlin Sophie von Mansfeld, der Tochter Graf Burchards I.[204] Dass diese ältere Deutung wohl die richtigere ist, ergibt sich aus dem beigefügten Wappenschild und der genauen figürlichen Zuordnung[205] seiner Teile. Er setzt sich aus den kombinierten Wappen zweier Geschlechter zusammen. Den vorderen (vom Betrachter aus linken) Platz nimmt das mit siebenfacher Teilung gebildete alte Wappen der Edlen von Querfurt ein. Ist es hier heraldisch korrekt der männlichen Figur beigegeben, kann mit dieser nur der Querfurter Burggraf Burchard IV., eben der Schwiegersohn Burchards I. gemeint sein. Auf dem hinteren Platz, vor der weiblichen Figur, stehen drei Spitzrauten,

ABB. 57
Siegel Graf Burchards I., 1226 (NLA Wolfenbüttel: 25 Urk. 80 [A])

ABB. 58
Eisleben, Andreaskirche.
Grabstein Graf Burchards I.,
1229/1240, Vorderseite

ABB. 59
Eisleben, Andreaskirche.
Grabstein Graf Burchards I.,
1229/1240, Rückseite

die eine Hälfte der Schildfigur vom Mansfelder Wappen Burchards I. auf der Vorderseite des Grabsteins wiedergeben. Sie veranschaulichen in der Verbindung mit der männlichen Figur folgerichtig, dass es sich bei der dargestellten Frau um Sophie von Mansfeld, die Gemahlin Burchards IV., mit ihrem ererbten, verkürzt vorgewiesenen Stammeswappen handelt.

Entstanden sein dürfte die ursprüngliche Grabplatte wohl nicht lange nach dem Tode von Sophies Mutter Elisabeth von Schwarzburg († 1240),[206] wofür auch die stilistische Erscheinung der Ritzfigur spricht. Für die Entstehungszeit der rückseitigen Darstellung, das skulptierte Doppelbildnis, fehlt jeglicher Anhaltspunkt. Sie ist zweifellos jünger und möglicherweise auch erst erheblich später geschaffen worden. Vielleicht handelte es sich tatsächlich, wie I. Roch-Lemmer vorgeschlagen hat, um ein nachträglich geschaffenes »Gedächtnisbild«,[207] das erst im Zusammenhang mit der mehrfachen Translozierung verschiedener älterer Mitglieder des gräflichen Hauses und ihrer letzten Bestattung in der Andreaskirche zu Eisleben im 14. Jahrhundert ausgeführt wurde. Das an dem Relief angebrachte, heraldisch eigenwillig zusammengefügte Wappen wäre dann eigens für die damit verbundene, memoriale Bestimmung »erfunden« worden, denn es entsprach nicht der von Graf Burchard IV. selbst gebrauchten Wappenform, die sich auf seinen Siegeln findet.

Dieses Siegelwappen war bereits eine Neuschöpfung. Denn Burchard IV., der durch seine Ehe mit Sophie von Mansfeld in den

DAS GEBESSERTE MANSFELDER WAPPEN UND SEINE VORGESCHICHTE

ABB. 60
Siegel Graf Burchards IV., 1238 (HStA Marburg: Urk. 56 Nr. 36)

ABB. 61
Zweites Siegel Graf Burchards (V.) II., 1266 (NLA Wolfenbüttel: 25 Urk Nr. 244)

Besitz der halben Grafschaft Mansfeld gelangt war, nahm trotz dieser Verbindung nicht die alten Mansfelder Rauten als Schildfigur in sein Wappen auf.

Grundsätzlich hielt er als Burggraf und Herr von Querfurt an seinem Querfurter Stammwappen[208] fest, verband es aber mit einer anderen Gemeinen Figur, die gänzlich neu war: ein halber einköpfiger, gekrönter Adler (Abb. 60). Im gespaltenen Schild nahm der aus dem Spalt hervortretende Adler den höherrangigen Platz im vorderen (vom Betrachter aus linken) Feld ein, während das beibehaltene Querfurter Wappen, bestehend aus einer siebenmal geteilten Schildhälfte, hinten angebracht war.[209] Die Hinzufügung des Adlers war mit einer klaren Ansage verbunden: Damit bekundete Burchard IV. seine Stellung als königlicher Amtsträger, bekleidete er doch – wie in der Siegelumschrift festgehalten ist – das Amt eines »Schultheißen der königlichen Pfalz«, + S(IGILLUM) · BVRC/ARDI · DE · QUERFVRT ·/ ET · SCVLTETVS IN PALACIO.[210] Dieses »Palatium« steht hier ohne Ortsangabe, lässt sich aber lokalisieren: Es ist nach den Ergebnissen jüngster historischer Forschungen mit der königlichen Pfalz in Allstedt zu identzifizieren, die sich auf dem Gelände des heutigen Schlossbergs über der Stadt befunden hat.[211]

Das neu zusammengesetzte Wappen, das Graf Burchard IV. in seinen Siegelstempel einschneiden ließ, entstand als persönliches Signum des Reichsschultheißen. Ohne diesen Zusatz zum Namen, nun gleichsam als Familienwappen, übernahmen es seine jüngeren Brüder, Graf Gebhard V., gleichfalls Burggraf von Querfurt (* zwischen 1202 und 1205, † 1240), und Graf Ruprecht, Dekan des Domstifts und später Erzbischof von Magdeburg (* zwischen 1202 und 1210, † 1266).[212] Und in der Folge verwandte es zunächst auch sein Sohn, Graf Burchard (V.) II. (* um 1227, † 1273),[213] der wie sein Vater nur über eine Hälfte der Grafschaft Mansfeld verfügte. Die Situation änderte sich grundlegend, als er die seit dem Tode Burchards I. (1229) durch Erbgang in zwei Hälften getrennte alte Grafschaft auf dem Kaufweg wieder vereinen konnte.[214] Nunmehr *burggravius de Querenvorde et comes in Mansfeld*,[215] legte er sich ein prächtiges neues Siegel (Abb. 61) mit reich dekoriertem Topfhelm zu, dessen Kleinod aus den fünf Querfurter Fähnchen bestand.[216]

Zur gleichen Zeit nahm sein Bruder, Burchard VI. von Querfurt, Herr zu Schraplau gen. Lappe (urkundlich 1256–1303), das väterliche Wappensiegel mit dem gespaltenen Schild als Erbsiegel auf,[217] das später auch sein Sohn, Burchard d. Ä. (senior) († nach 7. 10. 1341) weitergebrauchte. Wie der Schraplauer Burchard VI. hielten die Querfurter Vettern Gebhard VI. († 1297) und – mit geringer Veränderung – Gerhard II. (urkund-

ABB. 62
Siegel Graf Gebhards I., 1273 (HStA Marburg: Urk. 56 Nr. 99)

ABB. 63
Siegel Graf Burchards III., 1282 (NLA Wolfenbüttel: 25 Urk Nr. 327)

ABB. 64
Siegel Graf Burchards V., 1341 (HStA Marburg: Urk. 56 Nr. 342)

ABB. 65
Zweites Siegel Graf Burchards V., 1354 (NLA Wolfenbüttel: 25 Urk Nr. 699)

ABB. 66
Siegel Graf Ottos, 1341 (HStA Marburg: Urk. 56 Nr. 342)

lich 1242–1300) am Siegelbild mit dem gespaltenen Schild fest.

Das von Graf Burchard (V.) II. als sein zweites Siegel in die Mansfelder Sphragistik eingeführte »imposante Helmsiegel« vererbte er seinen Söhnen, zunächst dem erstgeborenen Gebhard I. (* um 1250, † um 1282) und nach dessen Ableben Burchard III. († 6. 12. 1311). Während Gebhard I. in der Einzelgestaltung auf den glatten Topfhelm mit offenem Flug zurückgriff (Abb. 62),[218] wie ihn sein Urgroßvater auf dem 1226 belegten Reitersiegel hatte abbilden lassen (s. Abb. 57), behielt sein Bruder Burchard III. die gleiche aufwendig dekorierte Form des Topfhelms mit den fünf Querfurter Fähnchen bei (Abb. 63),[219] wie sie sein Vater hatte ausführen lassen.

Der Sohn des Letzteren, Graf Burchard V. (* um 1288, † zwischen 21. 9. 1354 und

DAS GEBESSERTE MANSFELDER WAPPEN UND SEINE VORGESCHICHTE

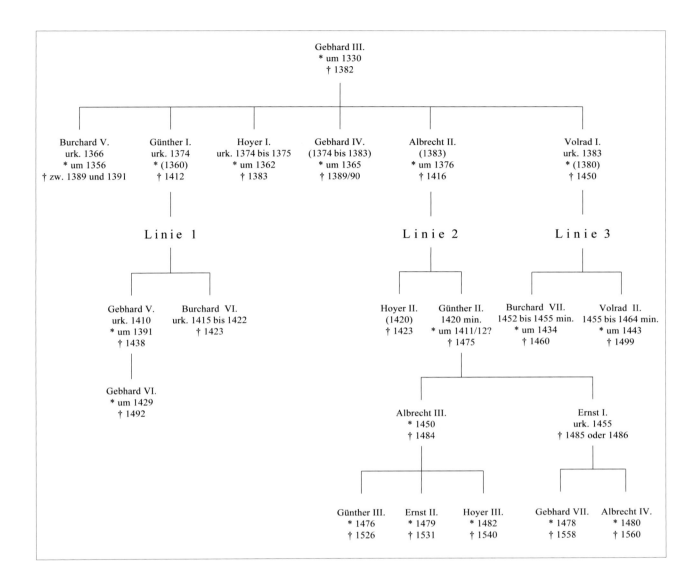

ABB. 67
Die um 1420 neu gebildeten Mansfelder Linien. Auszug aus der Stammtafel des Hauses Mansfeld

3. 2. 1358), der nach der Verwüstung des Klosters mit der Familiengrablege in Helfta 1343 den Aufbau von Kloster Neuhelfta vor den Toren der Stadt Eisleben ermöglichte, bediente sich einerseits als Erbe des großen väterlichen Helmsiegels,[220] besann sich aber zugleich der alten Mansfelder Wappenfigur der Raute und ließ diese sowohl hier als auch in sein Sekretsiegel einbringen. Im Hauptsiegel (*sigillum autenticum*) (Abb. 64) ist der große Helm heraldisch rechts mit einem kleinen »alten Mansfelder [Flügel-]Helm und [links mit] dem Mansfelder Rautenschild beseitet«.[221] Dieser Rautenschild wird aus sechs zu je drei gestellten Rauten gebildet. Das Sekretsiegel (Abb. 65)[222] nimmt die Rauten in einem alleingestellten, rechtsgeneigten Schild auf, verändert aber ihre Zahl auf fünf.

Von den Söhnen Burchards V., nachweislich von den Grafen Sifrid († 1349), Otto (* um 1320, † 1349) und Albrecht, Elekt von Halberstadt († zwischen 6. 11. 1356 und 17. 3. 1357), wurde das neue Rautensiegel, mit dem der Vater eine alte Familienform wiederbelebt hatte, nicht gebraucht. Sigfried verwandte zwar die väterliche große Helmform, ersetzte aber den Mansfelder Flügelhelm und den Rautenschild jeweils durch einen Fisch, die Wappenfigur seiner Mutter

ABB. 68
Siegel Graf Gebhards V., 1420 (LASA MD: U 11 A I, Nr. 3)

ABB. 69
Siegel Graf Burchards VI. (Busso), 1420 (LASA MD: U 11 A I, Nr. 3 b)

Oda, einer geborenen Gräfin von Wernigerode.[223] Otto und Albrecht nahmen statt der Rauten – noch zu Lebzeiten ihres Vaters – den »Querfurter Balkenschild« in ihr Siegel auf (Abb. 66),[224] den zuvor bereits die Burggrafen und Herren von Querfurt als ihr Stammwappen erneuert hatten,[225] die es von da an bis zum Erlöschen im Mannesstamm zu Beginn des 16. Jahrhunderts verwendeten.[226] Die Mansfelder Grafen der nächsten beiden Generationen, in Einzelfällen noch danach, behielten das Querfurter Wappen mit dem rechtsgelehnten Schild bei, größtenteils auch mit dem zugehörigen Fähnchen-Oberwappen.[227]

Ein weiterer Schritt, zudem von besonders nachhaltiger Bedeutung für den Mansfelder Wappengebrauch, war die Einführung des quadrierten Schilds. Seine Form war um 1400 in Mode gekommen und hatte sich bald weithin durchgesetzt. In Mansfeld taucht er erstmals 1420 auf. Als die Grafen Günther I. und Albrecht II., Urenkel Burchards V., kurz nacheinander (1412 bzw. 1416) starben, kam es unter ihren noch lebenden Söhnen – nach einer Zeit brüderlich gemeinsamen Regierens – zusammen mit deren Onkel, dem Grafen Volrad I. (* 1380, † 1450), zur Bildung von drei neuen Linien des Hauses Mansfeld (Abb. 67) und zu einer Aufteilung des Mansfelder Gesamtbesitzes, damit »in künfftigen zeiten allerley verdacht, zweyspalt vnd vnlust verhütet werden möchte«.[228] Die erste schriftliche Fixierung dieser Erbteilung fand am 16. Juni 1420 statt und wurde von den Söhnen Graf Günthers I. (* um 1360, † 1412), den Grafen Gebhard V. (* um 1391, † 1438) und Burchard VI. (er starb 1423 auf einer Reise nach Santiago di Compostella), rechtskräftig besiegelt.[229] Dazu benutzte der ältere von beiden, Graf Gebhard V., erstmals ein für ihn neu geschaffenes Petschaft mit geviertem Wappenschild (Abb. 68), in dem die Stammwappen von Mansfeld und Querfurt vereint sind: in den Feldern 1 und 4 jeweils sechs zu je drei gestellte Mansfelder Rauten, in den Feldern 2 und 3 ein durch sieben Querlinien geteilter Schild.[230] Der jüngere Bruder hingegen verwendete das herkömmliche, vom Vater übernommene Wappen mit der Querfurter Teilung (Abb. 69).[231]

Was Graf Gebhard V. zu dieser Neuschöpfung veranlasst hat, ist aus den Quellen nicht zu erschließen. Seine Motivation kann ganz unterschiedlich gewesen sein. Völlig offen ist sogar, ob ein nur auf seine Person bezogener Beweggrund maßgebend war oder eine darüber hinausgehende Intention, etwa im Zusammenhang mit dem aktuellen Teilungsprozess. Als eine mögliche Veranlassung für die heraldische Verbindung des Alt-Mansfelder mit dem Querfurter Wappen könnten historisch-dynastische Erwä-

DAS GEBESSERTE MANSFELDER WAPPEN UND SEINE VORGESCHICHTE

gungen und insbesondere die Erinnerung an die mehrstämmige Entstehungsgeschichte der Grafschaft eine Rolle gespielt haben.

Die Vettern Graf Gebhards V. nahmen das neue Wappen nur teilweise und nicht umgehend in ihr Siegel auf. So hielt außer seinem Bruder Burchard VI. auch Graf Günther II., der Sohn Graf Albrechts II. und nach dem Tode seines Bruders Hoyer II. Ältester der zweiten Linie, an der bisher gebräuchlichen Querfurter Form fest.[232] Und die jüngeren Vettern der dritten Linie, Graf Burchard VII. und Graf Volrad II., die Söhne Volrads I., vollzogen den Wechsel zu der neuen und damals modernsten Wappengestaltung erst nach der Jahrhundertmitte – als erster von ihnen Graf Burchard um 1459 (Abb. 70), Volrad folgte um 1464.[233]

Dagegen ergab sich in der nächsten Generation für Graf Gebhard VI., den letzten männlichen Sproß der ersten Linie, ein früherer Gebrauch der neuen Form (Abb. 71). Denn er konnte an die Erstverwendung des neuen Wappens um 1420 sowohl zeitlich als auch materiell unmittelbar anschließen, weil er das originale Petschaft von seinem Vater Graf Gebhard V. geerbt hatte und es deshalb bereits kurz nach dessen Tod (1438) aufgrund der Namensgleichheit ohne jegliche Änderung ab 1439 als sein »eigenes«, angeborenes Siegel verwenden konnte.[234]

Die erst um die Jahrhundertmitte oder kurz zuvor geborenen Nachkommen Graf Günthers II., die Grafen Albrecht III. und Ernst I., hinwiederum waren erst mit einem dementsprechenden zeitlichen Verzug in die Lage versetzt, die neue Wappenform überhaupt aufzunehmen und im Weiteren konsequent zu gebrauchen (Abb. 72, 73). Nachweislich geschah dies (erstmals?) 1470[235] kurz vor dem Ableben ihres bis zuletzt konservativ den Querfurter Balkenschild im Siegel führenden Vaters.

Als bedeutsam für das von ihnen gebrauchte Siegelbild erwies sich ein gestalterischer Eingriff schon durch Graf Burchard VII. Denn er hatte mit der reicheren Ausschmückung des Wappens in einer eigenwillig gestauchten Vierpassbildung nicht nur eine neue Gesamtform schaffen lassen, sondern auch eine gravierende Änderung des Wappens selbst vorgenommen.[236] Dazu war im Unterschied zu der von Gebhard V. veranlassten Erstform die heraldische Abfolge der beiden Stammwappen Mansfeld und Querfurt umgekehrt und der Querfurter Balkenschild von der zweiten Position auf die Felder 1 und 4 nach vorn gestellt worden, während die Mansfelder Rauten auf die Plätze 2 und 3 nachgeordnet nach hinten rückten. Mit dieser Umstellung war die Wappengestaltung gefunden, die nunmehr von Volrad II. sowie Albrecht III. und

ABB. 70
Siegel Graf Burchards VII., 1459 (LASA MD: U 11 A I, Nr. 13)

ABB. 71
Siegel der Grafen Gebhard VI. (links) und Günther II (rechts), 1439 (SHStA Dresden: 10001 Ältere Urkunden Nr. 6544)

DAS »MANNSFELDISCHE MONUMENT«

ABB. 72
Siegel Graf Albrechts III., 1482 (LASA MD: U 5 XVII b, Nr. 63)

ABB. 73
Siegel Graf Ernsts I., 1482 (LASA MD: U 5 XVII b, Nr. 63)

ABB. 74
Siegel Graf Günthers III., 1501 (LASA MD: U 11 A VII, Nr. 3)

ABB. 75
Siegel Graf Ernsts II., 1501 (LASA MD: U 11 A I, Nr. 3)

Ernst I. aufgenommen wurde und die hinfort das gültige Wappen der Grafen von Mansfeld blieb.

Nur Graf Ernst II., auf dessen Wappen nunmehr zurückzukommen ist, machte gemeinsam mit seinem Bruder, Graf Günther III., dabei eine Ausnahme. Beide besaßen offenbar einen ausgeprägten Sinn für die optische Funktion des von ihnen gebrauchten Wappens. Das zeigte sich bereits zu Beginn ihrer Herrschaft, als ihnen die zu dieser Zeit geläufige quadrierte Form des Mansfelder Wappens aus gegebenem Anlass nicht mehr genügte. Denn nachdem ihnen im Zuge der großen Erbteilung von 1501 Herrschaft und Burg Heldrungen zugefallen waren,[237] müssen sie sich entschlossen haben, den Besitzanspruch auch heraldisch zu manifestieren. Zu diesem Zweck ließen sich beide von einem befähigten Stempelschneider ein neues, künstlerisch höchst anspruchsvolles Hauptsiegel anfertigen (Abb. 74, 75), in dem das Mansfelder Wappen mit dem der Edlen Herren von Heldrungen verbunden wurde.[238] In einem gevierten Schild sind darin die Felder 1 und

DAS GEBESSERTE MANSFELDER WAPPEN UND SEINE VORGESCHICHTE

ABB. 76
Siegel Graf Gebhards VII., 1503 (LASA MD: U 11 A I, Nr. 21 a)

ABB. 77
Siegel Graf Albrechts IV., 1503 (LASA MD: U 11 A I, Nr. 21 a)

4 mit dem beibehaltenen quadrierten Wappen von Mansfeld und die Felder 2 und 3 mit dem von Heldrungen besetzt worden, das einen aufgerichteten gekrönten Löwen zeigt, den ein geschachter Schrägrechtsbalken überdeckt.[239] Den Namen des Siegelführers nimmt in beiden Ausformungen ein Schriftband auf, das zwischen den zwei Helmen des Oberwappens von Mansfeld/Querfurt und Heldrungen beginnt und in geschwungener, teilweise sich überlappender Form von rechts nach links um die flächenfüllenden, großen Ranken herumzieht und im unteren Teil vom Wappenschild überschnitten wird. Während sich die Inschrift von Graf Günthers Siegel auf einem Abdruck von 1501[240] nur in Teilen noch ablesen lässt: S G(VN)/ .... E(RE)/....//(N)S(FELT)/VND · HELDRVNG, ist der Text in Graf Ernsts Siegel, das an der gleichen Urkunde hängt, noch vollständig: · S(IGILLVM) · ERN/ST · GR/AF (VND)/ HERE · ZV · MANSF/EL//T · (V)ND · HE(L)/DR(VNG).

Heldrungen taucht im Mansfelder Wappen hier zum ersten Male auf – entgegen der älteren chronikalischen Überlieferung, wonach die Grafen von Mansfeld bereits nach der Erwerbung von Herrschaft und Schloss Heldrungen 1479–1483/84[241] und der Gesamtbelehnung dieses Besitzes durch Kurfürst Ernst und Herzog Albrecht von Sachsen 1483[242] das Wappen von Heldrungen angenommen hätten.[243] Doch weder für Graf Gebhard VI., der Heldrungen gekauft hat und seinem Standestitel die Bezeichnung »Herr zu Heldrungen« beifügte, noch für die Grafen Albrecht III., Ernst I. und Volrad II., die als Vettern mit belehnt worden waren, nahmen – wie die erhaltenen Siegel bis 1499 zeigen – die Möglichkeit in Anspruch, das Heldrunger Wappen in irgendeiner Form zu gebrauchen. Außer den beiden vorderortischen Grafen Günther III. und Ernst II. ließ auch ihr jüngerer Bruder, Graf Hoyer III., den Heldrunger Löwen zunächst in seinem Wappenbild anbringen.[244] Im Unterschied dazu haben sich ihre Vettern, die Grafen Gebhard II. und Albrecht IV., des Heldrunger Wappens nie bedient, wie ihr Wappengebrauch (Abb. 76, 77) erkennen lässt.[244a] Deshalb sind mehrere Textstellen in Spangenbergs Mansfelder Chronica in den Teilen nur eingeschränkt zutreffend, in denen er bemerkte, die Grafen hätten »alle eine Zeitlang das Heldrungische Wapen mit geführt«.[245] Die im gleichen Textzusammenhang stehenden Mitteilungen, wonach im Jahre 1515 Graf Hoyer und die Grafen Gebhard und Albrecht ausdrücklich erklärt haben, dieses Wappen hinfort nicht führen zu wollen und das Recht darauf »Graf Ernsten und dessen Leibeserben alleine gelassen«,[246] dürften dagegen auf sicherer Überlieferung beruhen. Offiziell verzichtete auch Graf Günther 1516

ABB. 78
Mansfeld, Siegelring Graf Ernsts II. von 1519 (Mansfeld, Stadtkirche St. Georg)

auf den Heldrungischen Wappenteil, verwendete ihn aber schon zuvor nicht mehr und benutzte nur noch das auch von den anderen Familienmitgliedern gebrauchte quadrierte Wappen Querfurt/Mansfeld.[247]

Dieser als Familienabmachung erscheinende Verzicht hatte sofort amtliche Konsequenzen. Denn 1516 wurde die von Graf Ernst mit der Aufnahme von Heldrungen vorgenommene Veränderung seines Wappens durch kaiserliches Privileg als »Besserung des Mansfelder Wappens« offiziell anerkannt.[248] Zusammen mit der Wappenbesserung »erlangte« Ernst den Titel »Edler Herr von Heldrungen«, was die Bestätigung seines Alleinanspruchs war, diesen Titel weiter zu führen. Bis dahin hatten auch seine Brüder und Vettern den Zusatz »Herr zu Heldrungen« zu Ihrem Grafentitel gebraucht. Dieses ihnen durch die Mitbelehnungen von 1486 und 1495[249] zustehende Recht gaben sie jetzt – zur gleichen Zeit wie das Heldrunger Wappen – auf.

Wahrscheinlich schloss der von Kaiser Maximilian I. ausgestellte Wappenbrief in die Besserung noch ein weiteres Wappen ein: das der Herren und Grafen von Arnstein, das einen einköpfigen ungekrönten Adler mit ausgebreiteten Flügeln zeigt.[250] Die Herrschaft Arnstein war nach dem Aussterben des Geschlechts der Grafen von Arnstein zu Beginn des 14. Jahrhunderts und einer kurzzeitigen Besitznahme durch die verschwägerten Grafen von Falkenstein an die Grafen von Regenstein gelangt.[251] Von diesen wurde sie 1387 von den Grafen von Mansfeld käuflich erworben.[252] In der Regierung des ansehnlichen Territoriums lösten sich Burchard V., Günther I. und Volrad I. nacheinander ab.[253] Von 1467 an war des Letzteren Sohn, Volrad II., im Besitz von Arnstein, bis nach dessen Tod 1499 Amt und Burg im Erbgang bzw. in der Teilung von 1501 an die »jungen Grafen« Günther III., Ernst II. und Hoyer III. fielen. Zuständig für die Herrschaft Arnstein wurde von ihnen Graf Günther, bis er 1509 genötigt war, sie aufgrund finanzieller Schwierigkeiten an seinen Bruder Ernst abzutreten.[254] Dieser nahm daraufhin, um seinen Besitz wie im Falle von Heldrungen zu dokumentieren, den Arnsteiner Adler in sein Mansfelder Wappen auf.

Im Wappen Graf Ernsts II. ist Arnstein erstmals 1519 zu finden, sowohl auf einem Siegel als auch auf einem Petschaft.[255] Auf dem Petschaft (Abb. 78) sind drei Schilde in Stein geschnitten, von denen der oben aufgestellte das quadrierte Mansfelder Wappen zeigt und die beiden kleineren darunter heraldisch rechts den Heldrunger Löwen und links den Adler von Arnstein. Um den von Löwe und Greif gehaltenen Mansfelder Schild sind die Initialen des Grafen mit seinem Titel angeordnet: EGZM und HZH – Ernst Graf zu Mansfeld Herr zu Heldrungen. Die Angabe des Entstehungsjahrs 1519 findet sich im Zwickel unterhalb der beiden kleineren Schilde.

Spätestens zur gleichen Zeit, wenn nicht schon etwas früher, ließ sich Graf Ernst auch ein neues Hauptsiegel anfertigen, in

DAS GEBESSERTE MANSFELDER WAPPEN UND SEINE VORGESCHICHTE

dessen quadrierter Aufteilung das 2. Feld jetzt mit dem Arnsteiner Adler besetzt wurde. In dieser vollständig gebesserten Form stand der Gebrauch des Mansfelder Wappens zunächst nur ihm allein zu und nach ihm seinen »Leibserben«. Sie siegelten damit, solange sie zu dessen Verwendung nach den Abmachungen mit Graf Ernsts Brüdern und Vettern berechtigt waren, bis zum Ende des 16. Jahrhunderts.[256]

Wiedergegeben ist das neue Mansfelder Wappen auf dem Fingerring, den der Graf auf dem gemalten Bildnis von 1527 am Zeigefinger seiner rechten Hand trägt (Abb. 85, 87). Trotz der geringen Größe der Darstellung ist nicht nur die Form, sondern auch die Tinktur des in Emailmalerei aufgebrachten Wappens deutlich zu erkennen. Auf dem nochmals gevierten Schild nimmt das bisher gebrauchte quadrierte Querfurt-Mansfeld-Wappen mit der roten Querteilung und den roten Rauten auf Silber die Felder 1 und 4 ein, der silberne Adler auf Schwarz von Arnstein das Feld 2 und der goldene Löwe in Blau von Heldrungen das Feld 3.

In größerem Format ausgeführt gab es – analog etwa zu den herkömmlichen Wappen Graf Hoyers am Schloss Vorderort – vermutlich auch gebesserte Mansfelder Wappen am Schloss in Heldrungen, von denen sich jedoch nichts erhalten hat. Ebenso verloren sind die in den Inventaren von 1587 bis 1787 genannten Wappen, die sich einst in der Schlosskirche befunden haben.[257] In der Auflistung von 1632[258] werden fünf einzeln aufgeführt. Davon bildeten zwei »gräfliche Mansfeldische Wapen« offenbar Pendants. Das eine von ihnen war über dem »Predigstuell« angebracht, das andere an der gegenüberliegenden Wand. Nach der ausführlicheren Beschreibung im Inventar von 1746[259] hat es sich bei dem zweiten Wappen um das der Gräfin Dorothea geb. Solms, der Gemahlin Graf Ernsts gehandelt, das ein steinernes Relief an der Nordseite des Schiffs gewesen ist. Das 1632 genannte Gegenstück über der Kanzel (vermutlich auf der Südseite) könnte das Wappen des Bauherrn gewesen sein. Man darf annehmen, dass beide in die Zeit der gräflichen Nutzung im 16. Jahrhundert gehören und vielleicht schon im Zusammenhang mit dem Neubau der Kapelle am Anfang des Jahrhunderts entstanden sind. Besonders bemerkenswert war wohl das runde »Gräflich Mansfeldische Wappen, aus Holz geschnitzt und mit Gold und anderen Farben staffiert«, das »an der Mauer hinter dem Altar« hing.[260] Nach der in dieser Kurzbeschreibung von 1632 angedeuteten Gestaltung – ein reich gefasstes Schnitzrelief in Kreisform – und in Anbetracht des besonderen Anbringungsorts dürfte es sich dabei um einen Totenschild gehandelt haben. Die Existenz eines derartigen Denkmals, das vielfach zur Erinnerung an einen Verstorbenen, zumeist an seinem Begräbnisort, angebracht wurde, fände hier unschwer eine Erklärung: Es könnte sich auf Graf Ernst und dessen Memoria beziehen, denn er war nach seinem Tode 1531 in der Heldrunger

ABB. 79
Mansfeld, Schlosskirche. Totenschild für Günther III. Graf von Mansfeld († 1526)

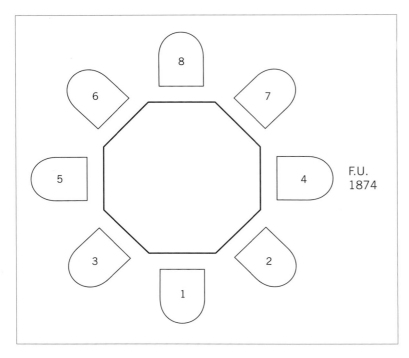

ABB. 80
Oberheldrungen, St. Bonifatius. Anordnung der Wappen an der Kuppa des Taufsteins: 1 Mansfeld-Heldrungen, 2 Solms-Lich, 3 Bickenbach, 4 Hanau-Münzenberg, 5 Nassau, 6 Honstein, 7 Wild- und Rheingrafen zu Dhaun, 8 Nassau-Dillenburg

drungen steht.[263] Er hat sich – was zu seiner geringen Beachtung beigetragen haben mag – nur in erheblich fragmentierter und durch eine spätere Überarbeitung entstellten Form erhalten. Während der Sockel noch seine originale spätgotische Gestaltung besitzt und wohl nur ein vermutlich zugehöriger, Sockel und Becken verbindender Schaft fehlt, ist die große achtseitige, stark beschädigte Kuppa bei einer Erneuerung 1847 vollständig überarbeitet und dabei im Detail erheblich deformiert worden. Das betraf insbesondere die acht in die umlaufende, kräftig plastische Maßwerkgliederung eingefügten Wappen, deren offenbar durch frühere Zerstörungen verstümmelten Formen bei der Instandsetzung verfälschend ergänzt wurden. Dennoch erlaubt die verbliebene Erscheinungsform eine heraldische Rekonstruktion (Abb. 80). Die am besten erkennbaren Wappen von Mansfeld (Nr. 1) und von Solms-Lich (Nr. 2)[264] verweisen auf Graf Ernst und seine Gemahlin Dorothea (Abb. 81), die als Stifterpaar an der Spitze von zwei Wappenreihen mit den beiden Müttern und vier Großmüttern stehen. Folgerichtig schließen sich hinter Mansfeld die Wappen der Herren von Bickenbach (Nr. 3) und der Grafen von Nassau (Nr. 5) und von Honstein (Nr. 6) (Abb. 82) an[265] und hinter Solms-Lich folgen die der Grafen von Hanau-Münzenberg (Nr. 4), der Wild- und Rheingrafen zu Dhaun (Nr. 7) und der Grafen von Nassau-Dillenburg (Nr. 8).[266] In dieser Reihung bilden die beiden Probanden mit den mutterseitigen Vorfahren der I. und II. Generation die heraldische Ahnenprobe Graf Ernsts und seiner Gemahlin zu je vier Ahnen.

Schlosskirche beigesetzt worden.[261] Einen vergleichbaren Vorgang gab es, wie aus den Aufzeichnungen von Spangenberg hervorgeht, nach dem Ableben der Grafen Günther III. 1526 und Hoyer III. 1540.[262] Der erhaltene Totenschild für Graf Günther (Abb. 79) befindet sich »in der Höhe hangend« rechts von seinem Epitaph (Abb. 106) im Altarraum der Mansfelder Schlosskirche. Er zeigt das geschnitzte Mansfelder Wappen in einer von dem Toten seit 1516 gebrauchten Fassung und die Umschrift mit dem gleichen (hier fragmentierten) Text wie das Epitaph. – Für Graf Hoyer wurde sowohl in Eisleben in der St. Andreaskirche im Zusammenhang mit seiner Grabstätte als auch in der Mansfelder Schlosskirche »neben dem hohen Altar zur Lincken an der Mauer« als Gedächtnismal ein Totenschild aufgehängt, der ebenfalls aus seinem Wappen und dem Sterbevermerk gebildet war.

In der Mansfelder Heraldik ist ein Werk bisher unbeachtet geblieben, dem eine besondere Bedeutung zukommt: die lediglich als »Zier« angesprochenen Wappen an dem Taufstein, der aus der Schlosskirche in Heldrungen stammt und seit 1986 in Oberhel-

Die Anbringung von Wappen an einem Taufstein war im Spätmittelalter nicht selten und erfolgte zumeist einzeln als Hinweis auf den Stifter. Die Form einer heraldischen Wappenreihe jedoch ist an einer Taufe wie hier höchst ungewöhnlich gewesen. Sie war Spiegelbild eines ausgeprägten dynastischen Familienbewusstseins und zudem wichtiger Teil »einer mit Bedacht gepflegten Gedächtniskultur«,[267] die sich im

ZU DEN BILDNISSEN

Blick auf eine an diesem Ort vermutlich geplante künftige Grablege mit der Vorsorge für die persönliche und die dynastische Memoria verbinden konnte.

Ähnlich handelte Graf Ernsts jüngerer Bruder Graf Hoyer mit der Anordnung der langen Reihe von 20 Ahnenwappen auf dem hohen schmiedeeisernen Gitter, das in der Mansfelder Schlosskirche den Altarraum vom Schiff trennt (Abb. 83, 84).[268] Auch hier sollten die Wappen als heraldische Genealogie des Stifters sein hohes Ansehen – er war schon 1512 kaiserlicher Rat und 1516 in den Orden vom Goldenen Vlies aufgenommen worden – und das Ansehen der gräflichen Familie Mansfeld-Vorderort augenfällig demonstrieren. Dazu ließ Graf Hoyer, wie schon sein Bruder, eine auf die Mutterseite ausgerichtete Ahnenprobe, hier zu acht Ahnen, in genau abgestimmter, mehrfach wiederholter Abfolge anbringen.[269] Entstanden ist die aufwendig gestaltete Mansfelder Gitterzier erst nach 1516 im Zuge der großen vielteiligen Ausgestaltung der Schlosskirche, zu der auch der Taufstein von 1522 gehörte.[270] Der Taufstein von Heldrungen ist nicht datiert. Er könnte, falls nicht schon etwas früher, vielleicht auch um diese Zeit geschaffen worden sein.

ZU DEN BILDNISSEN

Die zu dem Inschriftstein gehörenden »Effigies« des Grafen Ernst und seiner Gemahlin sind nicht erhalten. Höchstwahrscheinlich sind sie im Dreißigjährigen Krieg beschädigt worden, als die Feste Heldrungen mehrfach belagert und gestürmt wurde.[271] Um die Mitte des 18. Jahrhunderts waren von ihnen – den Inventarangaben zufolge – nur noch die erwähnten »Rudera« vorhanden. Erst als man im ausgehenden 19. Jahrhundert die bis dahin erhaltene, »eingemauerte, leider beschädigte Gedenktafel vom Grafen Ernst von Mansfeld und dessen Gemahlin, nebst Inschrift«[272] beseitigte,[273]

ABB. 81
Oberheldrungen, Taufstein. Wappen von Mansfeld (links) und Solms-Lich (rechts)

ABB. 82
Oberheldrungen, Taufstein. Wappen von Honstein (links) und Nassau (rechts)

ABB. 83/84 FOLGESEITEN
Mansfeld, Schlosskirche. Links: Blick zum Altarraum; rechts: Blick vom Altarraum zum Schiff

Kleine Hefte zur Denkmalpflege 16   63

DAS »MANNSFELDISCHE MONUMENT«

ABB. 85
Porträt von Ernst II. Graf von Mansfeld, Hans Döring, 1527 (Schloss Laubach)

gingen auch diese Bildnis»reste« verloren, während die Inschriften der weiteren Aufbewahrung für wert befunden wurden.

Trotz des Verlusts der Reliefs lässt sich in Umrissen noch eine Vorstellung von ihrer Gestalt gewinnen. Denn die äußere Erscheinung des gräflichen Paars ist in zwei gemalten Pendant-Bildnissen (Abb. 85, 86) überliefert.[274] Sie entstanden nach den beigefügten Inschriften im Jahr 1527, also nur kurze Zeit vor der Ausführung des »Monuments«. Auf den Gemälden erscheinen die Porträtierten in festlichen Gewändern halbfigurig vor einem dunklen Hintergrund und im Dreiviertelprofil einander zugewandt. Graf Ernst trägt über einem hochgeschlossenen, mit Goldstreifen durchzogenen weißen Hemd ein goldbraunes Brokatwams und darüber eine kragenlose, leichte Schaube aus blauem Stoff, die mit rotbraunen Samtstreifen verbrämt ist und weite Armschlitze aufweist. Ebenso wie die männliche Gewandung folgt die Kleidung von Gräfin Dorothea den modischen Gewohnheiten

ZU DEN BILDNISSEN

ABB. 86
Porträt von Dorothea Gräfin von Mansfeld, Hans Döring, 1527 (Schloss Laubach)

der Zeit. Über dem am Hals gekräuselten weißen Hemd sitzt im Bereich der Taille ein enges Schnürmieder, das oben ein goldenes und mit schwarzen Fäden kreuzweise gemustertes Brusttuch abschließt. Darüber trägt sie ein mittelblaues Kleid mit voluminösem Faltenrock und rotbraunem Samtbesatz, der vom Kragen bis zu den Stulpen der geschlitzten Puffärmel reicht. Schräg über dem Rock liegt ein goldgemusterter Gürtel, der zur Befestigung eines für den Betrachter nicht sichtbaren Gegenstands, vielleicht eines Zierbeutels oder einer Gürteltasche diente.[275]

Auffallend ist in beiden Darstellungen der reiche zur Schau gestellte Schmuck. Im Ausschnitt von Graf Ernsts Mantel erscheint an dem goldgezierten Teil des Wamses seine Namensinitiale »E«. Auf dem weißen Hemd liegt eine goldene Schließe, die aus einer Zierkugel und zwei stilisierten Delfinen zusammengesetzt ist. Daran hängt ein prächtiges Kleinod mit dem großen Buchstaben »S«, der hier für »Solms« stehen

DAS »MANNSFELDISCHE MONUMENT«

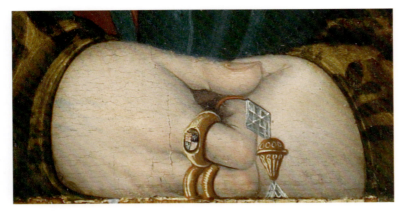

ABB. 87
Hände des Grafen Ernst mit den Fingerringen und Rosenkranz (Ausschnitt aus Abb. 85)

ABB. 88
Medaillon mit Strahlenkranzmadonna an einer der Gliederketten der Gräfin Dorothea (Ausschnitt aus Abb. 86)

dürfte.²⁷⁶ Darunter ist an einer längeren Kette, die dem gestickten Mittelteil des Wamses aufliegt, noch ein teilweise von der Schaube verdeckter, goldener Schmuckanhänger in Form eines Fischs (Delfin?) angebracht. Vervollkommnet wird der zur Schau getragene Reichtum durch die Fingerringe an seiner rechten Hand (Abb. 87), insbesondere den großen Ring am Zeigefinger mit dem neuen, vollständigen Mansfelder Wappen und den Initialen »EGM« (Ernst Graf [zu] Mansfeld), und durch einen

sehr aufwendig gestalteten Rosenkranz mit goldenem Paternoster und kristallenen Ave-Gliedern, der hier als Zeichen für seine strenge Altgläubigkeit steht.

Die Fülle des Goldschmucks, den die Gräfin im anderen Bild geradezu demonstrativ vorweist, scheint ihren zierlichen Oberkörper fast zu erdrücken: am Hals eine feingliedrige Kette und ein glatter Goldreif mit einem kreuzförmigen, kostbar gefassten Edelsteinanhänger, dann ein zweiter starker Goldring mit schmückend daran aufgereihten Fingerringen und dazu noch eine fast überdimensioniert große und schwere Hobelspankette. Sie verdeckt teilweise zwei darunter liegende lange Gliederketten. An einer dieser Ketten hängt ein Medaillon (Abb. 88) mit einer halbfigurigen Strahlenkranzmadonna zwischen zwei fliegenden Engeln, gerahmt von einer kranzförmigen massiven Edelsteinfassung, an deren unterem Ende ein vogelgleiches Wesen mit ausgebreiteten Schwingen hockt. Man denkt beim Anblick dieser Motiv-Verbindung der von Engeln angebeteten Muttergottes auf der Mondsichel mit einem großen Flügelwesen unwillkürlich an die Anhänger der Collane des Schwanenordens, und fragt sich: War die Darstellung der Madonna vielleicht nur als Hinweis auf die Marienfrömmigkeit der Trägerin gedacht oder sollte sie darüber hinaus, zusammen mit dem vielleicht als Schwan gemeinten Flügelwesen, sogar als Abbreviatur für ihre Mitgliedschaft in der »Gesellschaft Unserer Lieben Frau«, dem Schwanenorden stehen? Das wäre, da sachlich zweifellos zutreffend, nicht auszuschließen, doch hätte der Schöpfer der Goldschmiedearbeit dann keine genügende Kenntnis vom tatsächlichen Aussehen der Abzeichen des Schwanenordens besessen. Die sechs Fingerringe an ihrer rechten Hand vervollständigen das üppige Schmuckaufgebot.

Offensichtliche Zeichen des Wohlstands waren nicht zuletzt die modernen, kostbaren Kopfbedeckungen: die geschlossene Goldhaube des Grafen Ernst und die perlenbestickte goldene Netzhaube seiner Ge-

ZU DEN BILDNISSEN

ABB. 89
Männliches Bildnis (Georg Thurzo?), Monogrammist TK, 1518 (Madrid, Museum Thyssen-Bornemisza)

ABB. 90
Haube des Grafen Ernst (Ausschnitt aus Abb. 85)

ABB. 91
Bildnis des Kurfürsten Friedrich III. des Weisen von Sachsen, Lucas Cranach d. Ä. und Werkstatt, um 1510/13 (Ausschnitt) (Nürnberg, Germanisches Nationalmuseum)

ABB. 92
Weibliches Bildnis, Hans Krell, 1529 (Leipzig, Museum der bildenden Künste)

mahlin. Als neues Accessoire hatte die Haube im deutschen Sprachraum seit dem ausgehenden 15. Jahrhundert in die Männer- und Frauenkleidung Eingang gefunden und wurde bis ins 16. Jahrhundert ein weitverbreitetes Kleidungsstück.[277] Am Gebrauch orientiert und vom Material abhängig war ihre Ausbildung vielfältig: Sie hatten, besonders am Anfang, »runde, sich wölbende und ausgreifende Formen«,[278] wobei ihre Vielgestaltigkeit von großen ballonförmigen oder mit einer Stirnwulst getragenen Gebilden bis zu verschiedenartigen kleineren und stärker dem Kopf angepassten Gestaltungen reichte.[279] Schon früh findet sich innerhalb dieser Entwicklung eine knapp

ABB. 93
Netzhaube der Gräfin Dorothea (Ausschnitt aus Abb. 86)

sitzende Form der Goldhaube, die entweder für sich allein getragen wurde oder als sog. Kalotte beim Tragen eines Baretts diesem zur Befestigung diente (Abb. 89) – das Barett war als ebenfalls neue Kopfbedeckung parallel zur Haube in Mode gekommen.[280]

Um 1500 bildete sich für den Alleingebrauch eine in Schnitt und Binnenstruktur einheitliche Haubenform heraus, in der auch die Goldhaube Graf Ernsts (Abb. 90) gearbeitet war: Sie wurden aus Goldschnüren geflochten und wiesen in dem daraus gebildeten Flechtwerk dicke Stege auf, die als Verstärkung quer zur Kopfachse angeordnet waren und sich über der Stirn zu einer medaillonartigen Kreisform zusammenschlossen. Derartige Hauben begegnen auf zahlreichen Gemälden und Grafiken der Zeit, so, um nur einige Beispiele zu nennen, bei A. Dürer, H. Burgkmair und L. Cranach d. Ä. (Abb. 91) sowie bei Hans Holbein d. Ä., Hans Maler und Martin Schaffner.[281] Selbst in der Frauenmode wurde dieser Haubentypus (Abb. 92) aufgenommen,[282] wenngleich dort ansonsten andere Formen weiter in Gebrauch blieben. Das an den ständisch unterschiedlichsten Beispielen zu beobachtende bewusste Tragen der Goldhaube, nach dem Reglement der zeitgenössischen Kleiderordnungen eigentlich dem Adel vorbehalten und dennoch auch von bürgerlichen Standespersonen beansprucht, erhob ihre Verwendung zur Demonstration.

Gräfin Dorothea hatte für ihr Porträt eine aus dem Haarnetz entwickelte, dem Kopf eng anliegende und dabei das am Hinterkopf aufgesteckte Haar verbergende, goldene Netzhaube gewählt (Abb. 93). Es war eine Haubenform, die sich ganz ähnlich u. a. bei vielen Frauendarstellungen Lucas Cranachs d. Ä. und seiner Werkstatt findet. Sie bestand aus einem dichten, rautenförmig geordneten Geflecht, in dessen Feldern zur weiteren, die Kostbarkeit steigernden Verzierung tropfenförmige Kristalle montiert waren. In die über der Stirn abschließende, perlenbestickte Borte hatte man in frühhumanistischer Kapitalis abwechselnd die Buchstaben »E« und »D« eingearbeitet – die Initialen des gräflichen Paars »Ernst« und »Dorothea«, ein sichtbarer Ausdruck ihres Ehebunds.

HANS DÖRING

ABB. 94
Eisleben, Annenkirche. Graf Albrecht IV., Veit Hirsvogel und Werkstatt 1514

ABB. 95
Eisleben, Annenkirche. Heiliger Christophorus. Veit Hirsvogel und Werkstatt 1514

Auch andere Mansfelder Grafen haben eine Goldhaube getragen, nachweislich Graf Albrecht IV. von Hinterort. Er ließ sich mit einer solchen Kopfbedeckung schon 1514 auf einer Scheibe der Farbverglasung in der Kirche des von ihm gegründeten Annenklosters in Eisleben darstellen (Abb. 94).[283] In Ritterrüstung kniet er dort »in ewiger Anbetung« eines Schmerzensmanns, der ursprünglich auf einer Scheibe daneben wiedergegeben war. Seinen Helm, der darauf hinweist, dass die frei getragene Haube auch als Kalotte diente, hat er auf dem Boden abgesetzt. Das gleiche Verhalten findet sich auf einer Scheibe mit dem Bild seines Gefolgsmanns und obersten Rats Caspar von Watzdorff, dessen Haupt ebenfalls eine goldene Haube bedeckt. Handelte es sich in diesen beiden Fällen um den profanen Gebrauch einer Goldhaube, so fällt im Vergleich dazu auf, dass auf einer weiteren Scheibe sogar ein Heiliger – der hl. Christophorus (Abb. 95) – eine prachtvolle Goldhaube trägt.[284] Sie entspricht im Übrigen bis ins Detail der Kopfbedeckung des Grafen Ernst.

HANS DÖRING

Auf den Bildnissen von Graf Ernst und seiner Gemahlin steht neben der Jahresangabe 1527 das Monogramm · H D ·, was die Gemälde als Werke von Hans Döring ausweist, einem Maler des 16. Jahrhunderts, über dessen Leben und Tätigkeit, insbesondere in seiner frühen Zeit, nur wenig zweifelsfrei bekannt ist.[285] Daher sind die Fragen, wie es zu diesen Porträts gekommen ist und welchen Platz sie im Œuvre des Künstlers einnehmen, auch nur näherungsweise zu beantworten.

Nach dem gegenwärtigen Kenntnisstand der Forschung wurde Döring vermutlich im Jahre 1483 in Heustreu in Franken geboren. Angenommen wird, dass eine frühe Lebensstation Nürnberg gewesen ist, wo er um 1508 als Geselle (oder noch Schüler?) in der Werkstatt Albrecht Dürers gearbeitet hat.[286] Danach war er, etwa von 1511 an, für mehrere Jahre Mitarbeiter im Atelier Lucas Cranachs d. Ä. in Wittenberg.[287] Aus dieser Zeit stammen die ersten, von ihm erhaltenen Gemälde: das Bildnis eines jungen Manns

ABB. 96
Bildnis eines jungen Mannes, Hans Döring, 1511 (Rom, Galleria Spada)

ABB. 97
Philipp Graf zu Solms mit seinen Söhnen, Hans Döring, 1515 (Schloss Laubach)

(Abb. 96), möglicherweise ein Selbstporträt des Malers, von 1511[288] und die 1514 datierte, fast wörtliche Kopie einer Lucretia-Darstellung von Cranach selbst.[289] Während seines Aufenthalts in Wittenberg könnte Döring Philipp Graf von Solms-Lich kennengelernt haben, der von 1506 bis 1514 als kurfürstlicher Rat im Dienste Friedrichs des Weisen stand und »Pfleger« zu Coburg war.[290] Graf Philipp machte Döring zu seinem »Hofmaler«, was diesen bewogen haben muss, um die Mitte des zweiten Jahrzehnts in die Reichsstadt Wetzlar überzusiedeln.[291] Denn von dort waren die Solmsschen Residenzen Lich, Laubach und Braunfels bequem zu erreichen. Schon 1515 schuf Döring in seiner neuen Stellung das in seiner Form damals ganz ungewöhnliche Gruppenbild des Grafen mit seinen beiden Söhnen Reinhard und Otto (Abb. 97).[292] Im gleichen Jahr muss er (vielleicht ebenfalls von Graf Philipp) den Auftrag für ein Altartriptychon mit der Darstellung der Heiligen Sippe erhalten haben. Das kleine Retabel war anscheinend zunächst für das Prämonstratenserinnen-Stift Altenberg an der Lahn bestimmt, das unweit westlich von Wetzlar liegt, und gelangte von dort später nach Koblenz.[293] Erhalten hat es sich wahrscheinlich in dem 1515 datierten und mit dem Handmal H D signierten Triptychon auf Schloss Huis Bergh in 's-Heerenberg.[294]

Auch in der Folgezeit befasste sich Döring mit der Herstellung von Altaraufsätzen für Kirchen der Wetterau in Hessen. Dazu gehörten die beiden Flügel für einen Altar in dem zur Grafschaft Solms gehörigen Dorf Niederweidbach, die nach 1516 entstanden und vermutlich zwischen 1518 und 1520 vollendet waren.[295] In dem Zuschauer mit Barett und grüner Schaube über der Gruppe der Heiligen Sippe auf dem linken Flügel hat man den Grafen Philipp erkannt,[296] der als Stifter des Retabels angesehen wird.

Schriftlich überliefert ist, dass Döring 1518 eine weitere »Tafel« angeblich für Wetzlar geschaffen hat. Sie wurde zu unbekannter Zeit in die Altenberger Stiftskirche verbracht und befand sich dort auf dem Altar Johannes des Täufers.[297] Stifter der »Tafel« waren der Untervogt der Grafen von Nassau-Weilburg und spätere Amtmann in Wetzlar Bruno von Köln und seine Frau Elisabeth von Rehe. Bei dem verschollenen Werk handelte es sich nach Angaben des Altenberger Priors Petrus Dietrich um ei-

nen »Altar in St. Joës Baptistae Ehr«, auf dessen Flügeln der hl. Rochus und die hl. Ottilia mit den Stifterbildnissen wiedergegeben waren. Ergänzend hat schon W. Junius angenommen: »Dazu gehörte als Mittelbild irgendeine Darstellung des hl. Johannes, die H. D. 1518 bezeichnet war«.[298] Bei einem weiteren Werk, dem kleinen Bild einer Heiligen Sippe (Abb. 98), das ebenfalls 1518 entstand und mit H D signiert ist und sich heute in der Gemäldesammlung des Schlosses Weißenstein in Pommersfelden befindet,[299] müsste noch geprüft werden, ob es von Anfang an eine Einzeltafel oder das Mittelstück eines Triptychons gewesen ist.

Außerhalb des hessischen Wirkungskreises wird von der kunsthistorischen Forschung ein Werk Hans Döring zugeschrie-

ABB. 98
Heilige Sippe, Hans Döring, 1518 (Pommersfelden, Schloss Weißenstein)

ABB. 99
Mansfeld, Schlosskirche. Flügelaltar

ABB. 100
Philipp Graf zu Solms-Lich, Hans Döring, 1520 (Privatbesitz)

ben: der durch seine Größe beeindruckende Altaraufsatz der Mansfelder Schlosskirche (Abb. 99).³⁰⁰ Er ist im Unterschied zu den zuvor aufgeführten Arbeiten von Döring auffallenderweise weder signiert noch datiert – ein Umstand, der an der Autorschaft Zweifel aufkommen lässt.

Ikonografisch handelt es sich um ein Retabel mit der Wiedergabe der Verkündigung an Maria und vielfigurigen Passionsbildern. In den Darstellungen des Passionsgeschehens glaubte Ingrid Schulze, die sich am eingehendsten mit dem Werk befasst hat, auf verschiedene Weise »ein Einwirken reformatorischer Ideen« feststellen zu können.³⁰¹ Geistige Urheber dafür und damit Auftraggeber waren nach ihrer Auffassung zwei der in Mansfeld residierenden Grafen: Gebhard VII. von Mittelort und vor allem dessen jüngerer Bruder Albrecht IV. von Hinterort. Aus der religiösen Einstellung und Handlungsweise der beiden Grafen glaubte I. Schulze auch die zeitliche Einordnung der Bilder ableiten zu können, indem sie konstatierte: »Der Mansfelder Altar entstand im Vorfeld des 1519 erfolgten Übertrittes der Grafen [...] zum Protestantismus«.³⁰² Doch diese Datierungsbegründung erweist sich bei genauerem Zusehen als nicht stichhaltig. Denn Graf Albrecht, der als die treibende Kraft angesehen wird, hat sich – wie die Ergebnisse der jüngsten Reformationsforschung bestätigen – nicht schon 1519, sondern erst eine Reihe von Jahren später zum neuen Glauben bekannt.³⁰³

Damit ist auch die Frage offen, ob der Altaraufsatz überhaupt um 1518/20 – wie man bisher angenommen hat – entstanden ist. Außerdem ist die Zuschreibung an Hans Döring höchst problematisch. Schon ein kursorischer Vergleich der Mansfelder Retabelmalereien mit den für Döring gesicherten Arbeiten lässt beträchtliche stilistische und gestalterische Unterschiede erkennen,³⁰⁴ die gegen statt für die Annahme der gleichen Autorschaft sprechen. Zudem ist eine Einordnung in das Œuvre Dörings schon aus geografischen Gründen kaum möglich, da der Maler im fraglichen Zeitraum – soweit die vorhandenen biografischen Fixpunkte eine Beurteilung erlauben – dauerhaft in Hessen geweilt hat. Ein Aufenthalt in der Grafschaft Mansfeld, die man für die Zeit nach 1514 angenommen hat,³⁰⁵ bleibt in Ermangelung eindeutiger Belege, ja selbst belastbarer Hinweise, ohnehin Fiktion.

Alle genannten Werke, die Döring nach seiner Übersiedlung in die Wetterau von 1515 bis 1518 geschaffen hat, dürften höchstwahrscheinlich in Wetzlar entstanden sein. In den Jahren, die nach den hessischen Altaraufträgen folgten, war er im nahen und weiteren Umland der Reichsstadt vielfältig beschäftigt, vorrangig offensichtlich für das gräfliche Haus zu Solms[306] und dann auch für die Grafen von Nassau-Dillenburg.[307] Auch mit verschiedenen kommunalen Aufträgen hatte er sich zu befassen, so mit Arbeiten für die Reichsstadt Friedberg und für Orte an der mittleren Lahn.[308] In Wetzlar bekleidete er in späterer Zeit, wohl schon ab 1533, außerhalb seiner künstlerischen Tätigkeit das Amt eines Schultheißen des Marienstifts.[309]

Zu Beginn der 1520er Jahre vollzog sich in Dörings Malerei ein für diese Zeit des konfessionellen Umbruchs bezeichnender Wandel. Schon E. Becker stellte fest, dass der Künstler sich nach dem Wegfallen von Darstellungen religiöser Stoffe infolge des »stärkeren Umsichgreifen(s) der neuen Lehre von der kirchlichen Malerei abgewandt und überwiegend der Porträtkunst gewidmet« habe.[310] Tatsächlich sind von Döring an Gemälden aus der Zeit nach 1518 nur noch Personendarstellungen bekannt. Ein Einzelbildnis des Grafen Philipp aus dem Jahre 1520 (Abb. 100) steht am Anfang einer Porträtreihe von Angehörigen der Familie von Solms-Lich.[311] Dargestellt ist hier der Graf in einem nach rechts gewandten Hüftbild. Er trägt unter dem dunklen Wams ein längsgefälteltes weißes Hemd mit goldgesticktem Halskragen und darüber eine an den Säumen bandverbrämte dunkelgrüne Schaube, dazu auf dem Kopf ein Ohrenklappenbarett. Der zurückhaltende Schmuck besteht aus zwei einfachen goldenen Gliederketten, von denen die eine durch vier aufgereihte Fingerringe bereichert ist, einem gleichartigen Schmuckring am rechten Zeigefinger und einem großen Goldring am linken Daumen mit dem quadrierten Wappen Solms/Münzenberg und den Buchstaben P G v S, den Initialen des Trägers »Philipp Graf von Solms«. Die am oberen Bildrand angebrachte Inschrift ETATIS · SVE · 51 PHILIPPVS · C · D · SOLMS H D ·

ABB. 101
Heiliger Sebastian, Darstellung auf einem Triptychon aus dem Eichstätter Dom (Eichstätt, Bischöflicher Stuhl)

1520 · enthält eine bemerkenswerte Korrektur. Denn offensichtlich war in der Vorgabe für den Text ein Fehler unterlaufen, als der Verfasser das Lebensalter des Grafen mit 50 Jahren angab. Er stand aber 1520 bereits im vollendeten 51. Lebensjahr, sodass die zunächst gemalte Zahl 50 in die richtige Altersangabe 51 korrigiert werden musste. Mit dieser noch während der Entstehung des Bilds vorgenommenen Verbesserung erweist sich diese Tafel als die ori-

ABB. 102
Porträt des Grafen Philipp von Solms-Lich in der Darstellung des Heiligen Sebastian (Ausschnitt aus Abb. 101)

ginäre Fassung des Sujets, die – nach dem Monogramm HD – von Hans Döring selbst gemalt wurde. Demgegenüber enthält ein in den Maßen übereinstimmendes Porträt des Grafen, das ihn in gleicher Gestalt, nur barhäuptig zeigt, in seiner Inschrift a priori die richtige Altersangabe: PHILIPPVS · COMES · DE SOLMS . (etc.) AETATIS SVE . 51 . ĀNO . 1520 ·.³¹² Diese Zweitfassung weist nicht das Handzeichen Dörings auf und ist daher keine eigenhändige Wiederholung, sondern das Werk eines unbekannten Malers, vielleicht eines weniger befähigten Mitarbeiters in Dörings Werkstatt. Im ganzen wie im Detail, insbesondere in seiner malerischen Qualität, lässt sich das Bild wegen seiner schlechten Erhaltung allerdings nur schwer beurteilen.

Eine weitere barhäuptige Darstellung, jedoch von besserer Qualität, findet sich in der ganzfigurigen Gestalt des Grafen auf einer Tafel in Eichstätt (Abb. 101). Diese gehörte als linker Flügel eines gemalten Triptychons zu einem Altar, der vermutlich für die Kapelle in der Willibaldsburg bestimmt war.³¹³ Das Triptychon gilt als Arbeit der Cranach-Werkstatt und wird aufgrund der auf dem Mittelbild angebrachten Jahreszahl auf 1520 datiert. Das unter der Zahl MDXX eingefügte gequerte Wappen mit Rautenkranz deutet darauf hin, dass es sich wohl um ein herzoglich sächsisches Geschenk gehandelt hat, das aber nicht im Auftrag des sächsischen Kurfürsten Friedrich der Weise, sondern des Herzogs Georg von Sachsen entstand.³¹⁴ Das dreiteilige Werk erscheint im ganzen uneinheitlich, weisen doch Hauptbild und Flügel beträchtliche Unterschiede auf, insbesondere in der Figurenbildung und in der malerischen Ausführung. Möglicherweise entstanden die Flügel nicht gleichzeitig mit der zentralen Darstellung des Eichstätter Bischofs Gabriel von Eyb in Verehrung der Bistumsheiligen Willibald und Walburga und wurden erst nachträglich mit diesem Mittelbild zu einem Triptychon verbunden. Das könnte für die Datierung bedeuten, dass mit den Flügelmalereien auch das Bildnis Philipps Graf von Solms-Lich auf der Innenseite des linken Flügels etwas jünger ist als bisher angenommen und erst nach 1520 entstand.

Dafür spricht zudem, dass der Künstler, der dieses Porträt des Grafen geschaffen hat (Abb. 102), eine direkte Kenntnis von Dörings Bildnis des Grafen aus dem Jahre 1520 besessen haben muss. Der enge Zusammenhang beider Gemälde lässt sich bis zur verblüffenden Übereinstimmung selbst kleinster Details, etwa in der Physiognomie und in der Gewandbildung, verfolgen. Ist Döring vielleicht selbst der Ausführende der »Zweitfassung« gewesen oder war es ein Mitarbeiter seiner Werkstatt, der eine genau entsprechende Vorlage benutzen konnte? Zur Klärung dieser Frage bedürfte es einer weiter ausgreifenden Untersuchung, in die auch die Lucas Cranach d. Ä. zugeschriebene Bildnisstudie des Grafen Philipp einzubeziehen wäre.³¹⁵

Ungeklärt ist außerdem, in welchem inhaltlichen Zusammenhang Graf Philipp hier am Altar erscheint. Mit dem Pfeil als Attribut in seinen Händen und als Pendant zur Figur des hl. Rochus, dem anderen Pestheiligen auf dem rechten Altarflügel, präsentiert er sich als hl. Sebastian. In seinem ständischen dunklen Habit mit pelzverbrämtem knielangem Rock als hl. Sebastian ikonografisch ungewöhnlich, war seine Wiedergabe hier ein frühes Beispiel der damals neuen Bildgattung des Rollenporträts.³¹⁶ Aber was gab dazu den Anlass? Die fehlende Erklärung zu finden bleibt eine Aufgabe der historischen Quellenforschung.

1528 wurde dem »Konterfetter« Döring die besondere Aufgabe gestellt, von Graf Johann zu Solms-Lich ein Bildnis zu schaffen. Der ältere Bruder des Grafen Philipp war 45 Jahre zuvor, im April 1483, von der Solmsschen Residenz in Rödelheim aus zusammen mit dem Mainzer Stadtkämmerer und späteren Domdekan Bernhard von Breydenbach, dem Amtmann von Hohensolms, Ritter von Bicken und dem Maler Erhard Reuwich zu einer Pilgerfahrt nach Palästina aufgebrochen und hatte die heiligen Stätten in und um Jerusalem und den Sinai aufgesucht.³¹⁷ Auf der Rückreise über Ägypten erkrankte der Achtzehnjährige an der Ruhr und starb am 31. Oktober d. J. in Alexandria. Für das gewünschte posthume Porträt (Abb. 103) konnte Döring eine Bildnisaufnahme als Vorlage benutzen, die Reuwich von Graf Johann unmittelbar vor der Pilgerreise im Februar 1483 noch in Lich angefertigt hatte.³¹⁸ Gleich einem Pendant passte Döring das neue nach links gewandte Hüftbild³¹⁹ in den wesentlichen Zügen der Erscheinung und auch im Format (62 × 39 cm) der Darstellung des Grafen Philipp auf dem Bildnis von 1520 an: Im Unterschied zu diesem trägt der junge Graf eine dunkle Schaube mit großem Pelzkragen statt des Rocks aus feinem Wolltuch und über dem im Ausschnitt sichtbaren Wams zwei gleichartige, mit Schmuckringen bestückte Goldketten. Der Ring am rechten Zeigefinger weist wieder das quadrierte Wappen von Solms/Münzenberg auf sowie die Initialen J G Z S (Johann Graf zu Solms). In seiner Linken hält er einen kleinen Blumenstrauß mit weißen und roten Blüten, was wohl als eine farbsymbolische Anspielung zu verstehen ist, mit der der Dargestellte als Verstorbener gekennzeichnet sein sollte. Auf seinen fernen Tod spielte vielleicht auch die

ABB. 103
Johann Graf von Solms-Lich, Hans Döring, 1528 (Schloss Laubach)

Inschrift mit der griechischen Malersignatur und Datierung am oberen Tafelrand an: ETATIS · SVE · 18 ~ IOHAN · C · D · SOL · 1483 άνς Δοερινκ · α · φ · κ · η (Hans Doerink 1528).

Mit der posthumen Anfertigung dieses Bildnisses seines Bruders griff Graf Philipp eine nach 1500 aufgekommene Form repräsentativer Selbstdarstellung des Adels auf, die zur Bildung einer Familiengalerie des gräflichen Hauses Solms führte. Im Unterschied zur genealogische aufgebauten Ahnengalerie war bei der Familiengalerie nicht der Hinweis auf die reale oder eine fiktive Sukzessionslinie der Grafen bis auf den Gründer in grauer Vorzeit maßgebend, vielmehr kam es dabei auf eine bildliche Wiedergabe ausgewählter, sowohl lebender als auch verstorbener Familienmitglieder an.³²⁰ Sie konnte das Ergebnis der Ausführung als geschlossene, in einem zeitlich engen Rahmen von einem bestimmten Maler geschaffene Porträtserie sein,³²¹ aber auch in einem zeitlich jeweils abgesetzten Nacheinander entstehen, wie im hier vorliegenden

Fall. Ob in den Jahren nach 1528 in Lich bald weitere Bildnisse hinzugefügt wurden, entzieht sich unserer Kenntnis. Aus der bislang bekannten schriftlichen Überlieferung geht nur hervor, dass Döring erst 1541 wieder als »Konterfetter« »alhie im Schloss [Lich] gearbeit hat, nemelich etlich graven und hernn und freylein abkunterfeit«, also eine Reihe von Porträts von männlichen und weiblichen Angehörigen der Familie geschaffen hat.[322] Ihr Auftraggeber war anscheinend nicht mehr der betagte Graf Philipp, sondern dessen nach dem Tod seiner Eltern (s. unten) am Hof in Lich lebender Enkel Graf Friedrich Magnus.[323] Er scheint neben seinem Onkel und dem ältesten Sohn des Grafen Philipp, Graf Reinhard, aufgrund eines Abkommens mit diesem,[324] einen Teil der Geschäfte des Hauses Solms-Lich geführt und bestimmte Aufgaben wahrgenommen zu haben,[325] und stand zugleich in der Nachfolge seines verstorbenen Vaters Otto Graf von Solms, des Begründers der gräflichen Linie Solms-Laubach, dieser neuen Linie als einziger männlicher Nachfahre vor. Der Zwanzigjährige pflegte damals auch Kontakte mit verschiedenen anderen Künstlern, etwa dem Bildhauer Dietrich Schro in Mainz und dem Maler Conrad Faber von Kreuznach, die an Aufträgen für ihn arbeiteten.[326]

In den Rahmen der in mehreren Jahrzehnten gewachsenen und wohl nur kleinen Familiengalerie von Lich dürften sich auch die im Jahre 1527 von Döring gemalten Bildnisse von Graf Philipps Tochter und Schwiegersohn, Gräfin Dorothea und ihr Gemahl Graf Ernst von Heldrungen (Abb. 85, 86), eingefügt haben. Die Veranlassung zu ihrer Aufnahme – und überhaupt ihrer Entstehung, die man in Lich annehmen darf[327] – ist freilich infolge des Fehlens von verlässlichen Anhaltspunkten nicht mehr eindeutig auszumachen. Man kann nur Vermutungen anstellen, etwa dass ein bestimmtes Lebensereignis, wie ein Jubiläum oder ein Jahrestag der Porträtierten, eine ausschlaggebende Rolle gespielt haben könnte, wofür es jedoch keinerlei Hinweis gibt.[328] Vielleicht könnte auch ein gesamtfamiliärer Grund dahinter stehen, wie die zahlreichen, in den Jahren vor 1527 auffallend gehäuften Todesfälle im engsten Kreis der Familie.[329] So war Graf Otto, Graf Philipps jüngerer Sohn und Vater des genannten Grafen Friedrich Magnus, als Sechsundzwanzigjähriger im Jahre 1522 verstorben, seine Mutter, Philipps Gemahlin Adriana, 1524 und Ottos verwitwete Gemahlin Anna von Mecklenburg 1525. Doch damit nicht genug: Von Philipps acht Töchtern hatte die älteste, Walpurg von Solms (* 1490), Nonne im Zisterzienserinnen-Kloster Marienborn bei Büdingen, im April 1527 das Zeitliche gesegnet; von den anderen nach 1490 geborenen waren bereits sechs damals nicht mehr am Leben und somit Gräfin Dorothea zu dieser Zeit das einzige noch lebende weibliche Familienmitglied. Es wäre verständlich, wenn Graf Philipp in Anbetracht dieser familiären Umstände daran gelegen gewesen sein könnte, die Erscheinung dieser Tochter in bleibender optischer Präsenz zu bewahren, und aus diesem Grund würde dann ihr Porträt und das seines Schwiegersohns in die »Galerie« gekommen sein. Heute befinden sich die überkommenen Teile der Licher Familiengalerie und die Pendant-Bildnisse von Graf Ernst und Gräfin Dorothea auf Schloss Laubach. Nach dort könnten sie möglicherweise schon früh, noch zur Zeit von Graf Friedrich Magnus gebracht worden sein, was bei seiner engen persönlichen Beziehung zu Lich verständlich gewesen wäre.

SUMMA SUMMARUM

Das verlorene »Mannsfeldische Monument« lässt sich nach den im Vorangehenden angestellten Beobachtungen zumindest in seinen Umrissen erfassen. Es war als Wanddenkmal mehrgeschossig aufgebaut: Über dem niedrigen Sockel, der in dem Inschriftstein als einziges Fragment erhalten geblieben ist, folgte ein höheres »Hauptgeschoss«, das durch eine senkrechte Mitteltrennung in zwei Felder geteilt war. In diesen Feldern

SUMMA SUMMARUM

ABB. 104
Jakob Herbrot und Frau Marina, Christoph Weiditz, 1527 (ehem. Sammlung Alphonse Freiherr von Rothschild, Wien)

befanden sich die in den Inventaren von 1746 bzw. 1754/55 genannten »Rudera«[330] des einen oder beiden Bildnisreliefs des gräflichen Paars Ernst II. von Mansfeld-Heldrungen und seiner Gemahlin Dorothea, von denen die männliche Darstellung vom Betrachter aus links (heraldisch rechts) und sein weibliches Gegenüber rechts (heraldisch links) angebracht waren. Dieselbe Anordnung findet sich auch in dem Stich von C. Matsys (Abb. 55), der den grundsätzlich gleichen Aufbau wie das »Monument« mit Sockelzone und Bildnisfeldern verwendet und darin höchstwahrscheinlich dessen Gesamterscheinung widerspiegelt. Während der Stich aber als Umrandung für die Porträts und Inschriften ein üppiges, der Entstehungszeit um 1550 entsprechendes Rollwerkornament gebraucht, werden die Felder mit den Reliefs am »Monument« wohl von einem architektonischen Rahmen eingefasst gewesen sein, den man sich in den Formen der frühen Renaissance entweder mit Pilastern oder Säulchen – analog zu zeittypischen Ausformungen in der Skulptur[331] und Grafik[332] – vorzustellen hat.

In gestalterischer Hinsicht verdient in diesem Zusammenhang ein kleines, Christoph Weiditz zugeschriebenes Buchsbaumrelief von 1527 (Abb. 104) Beachtung,[333] auf dem als Pendants die halbfigurigen Bildnisse des Augsburger Kürschners und Zunftbürgermeisters Jakob Herbrot (* um 1495 † 1564) und seiner Frau Marina geb. Kraffter (* um 1501) hinter der Brüstung einer Pfeilerloggia erscheinen. Das aus zwei Teilen bestehende, in ursprünglicher Verwendung wahrscheinlich durch ein Zwischenstück getrennt angebrachte Flachrelief hat einen grundsätzlich vergleichbaren Aufbau.[334] Aus welchem Anlass es entstand, ob es bestimmte persönliche Gründe gewesen sind oder das verbreitete Bedürfnis bleibender bildlicher Präsenz, ist nicht überliefert. Das Paar war seit 1519 vermählt.

In bzw. an der Rahmenarchitektur des »Mannsfeldischen Monuments« müssen an herausgehobener Stelle und in entsprechender Zuordnung zu den Dargestellten die Wappen des gräflichen Paars, das gebesserte Mansfelder Wappen und das mit Falkenstein-Münzenberg gevierte Wappen von

Kleine Hefte zur Denkmalpflege 16   79

Solms, angebracht gewesen sein. Sofern ein Aufsatz vorhanden war, könnten sie auch dort ihren Platz gefunden haben. Ihre Form wird der Wiedergabe auf den Holzschnitten im Deutschen Messbuch des Christophorus Flurheym von 1529 (Abb. 56) entsprochen haben.[335]

Wichtigster Bestandteil des »Monuments« waren die beiden Bildnisse, von denen schon um Mitte des 18. Jahrhunderts nur noch Reste existierten. Sowohl ihre Gesamtform als auch ihre Einzelgestaltung lassen sich daher nicht mehr ausmachen. Hinweise gibt es aber für den Bildnistypus. So deutete die Bezeichnung »Brust-Stück« von 1746 bzw. 1754/55[336] wohl bereits auf einen Bildnisausschnitt hin, in dem nur der Kopf des Dargestellten und ein Teil des Oberkörpers mit den Schultern und Oberarmabschnitten erfasst gewesen sind. Bestätigung findet diese Interpretation durch die Bildnisse des gräflichen Paars auf dem Stich von C. Matsys. In ihrer Darstellung handelte es sich dort, trotz der Wiedergabe mit jeweils einem ganzen Arm und Händen, die bekanntlich attributiv zum Halbfigurenbildnis gehören, im Grunde um Bruststücke. Denn die Arme und Hände sind, wie die anatomisch missratene »Ergänzung« erkennen lässt, den Bruststücken erst nachträglich hinzugefügt worden. In der ursprünglichen Fassung bestanden die Porträts als Bruststücke ohne die sekundären Zutaten und bildeten einen Zustand ab, der dem am »Monument« geglichen haben könnte. Mit dieser Beobachtung würde sich die Vermutung erhärten, dass die Vorlage für die grafische Umsetzung im Stich tatsächlich eine Abbildung der originalen Reliefs am »Monument« gewesen ist.

Zur Beantwortung der Frage, was den Grafen veranlasst hat, das »Mansfeldische Monument« im »zweyten Stockwergk auf de[m] großen Sahl«, dem Festsaal des Schlosses von Heldrungen[337] anbringen zu lassen, fehlt es an eindeutigen Anhaltspunkten. Biografisch lässt sich für den Entstehungszeitraum weder ein bestimmtes historisches noch ein persönlich relevantes Datum ausmachen. Die schriftliche Überlieferung, soweit sie überhaupt vorhanden ist, schweigt auch in diesem Punkt vollständig. Lediglich der Sockelstein (Abb. 1–3), das einzige Überbleibsel des »Monuments«, wäre mit seiner bildlichen und inschriftlichen Ausstattung vielleicht für eine Aussage zur Intention seiner Herstellung als »Quelle« heranzuziehen. Tatsächlich geben beide, das »Bild« und der Text, intentional beachtliche Hinweise. So darf man aus der beträchtlichen Größe, den die Abzeichen des Schwanenordens an zentraler Stelle in beiden Hälften des Sockelsteins einnehmen, wohl schließen, dass der Auftraggeber auf die Wiedergabe der Insignien des Ordens besonderen Wert gelegt hat. Denn sie kündeten dauerhaft von seiner und seiner Gemahlin Mitgliedschaft in diesem elitären Orden. Zugleich waren sie Ausdruck einer hohen Reverenz für die Ziele der »Gesellschaft Unserer Lieben Frau zum Schwan«, die in der Stärkung der christlichen Lebensführung durch tägliche Marienverehrung gipfelten. Und mit dem *Domum hanc aedificavit* in der Inschrift wurde für die Nachgeborenen festgehalten, dass Ernst, Graf von Mansfeld und Edler Herr von Heldrungen, der Erbauer des neuen Schlosses gewesen ist. Diese Aussage war aber nicht nur eine selbstbewusste Mitteilung – dahinter verbarg sich auch ein memoriales Ansinnen: die Vorsorge für die eigene »gedechtnus«,[338] der Wunsch im Andenken der Nachwelt präsent zu bleiben. Marx Treitzsaurwein formulierte es 1514 für Kaiser Maximilian I. bekanntlich im »Weisskunig«: »Wer ime in seinem leben kain gedachtnis macht, der hat nach seinem tod kain gedächtnis und desselben menschen wird mit dem glockendon vergessen«.[339]

Noch stärker verband sich dieser Beweggrund zur Bewahrung für die Zukunft mit der Anbringung der skulptierten Bildnisse. Sie sollten der Verewigung der leiblichen Erscheinung des gräflichen Paars dienen, als ein Denkmal, das die Dargestellten in ihrer Vergänglichkeit überdauert. Damit folgte man einer Sinngebung, die gleichzei-

ABB. 105
Medaille für Wilhelm Ganczhorn und Frau Sabina, Vorder- und Rückseite, 1539 (Nürnberg, Germanisches Nationalmuseum)

tig – abgesehen von der vergleichbaren memorialen Aufgabe gemalter Bildnisse[340] – auch in anderen Feldern künstlerischen Schaffens ihren Ausdruck fand, so im grafischen Bildnis,[341] in der Herstellung von geschnitzten und skulptierten Bildnisreliefs[342] und vor allem in der Ausbildung der deutschen Porträtmedaille.[343] Matthias Mende konstatierte für die Bildnismedaille: »Die Sorge um das Andenken bei den Nachgeborenen einte weltliche Herrscher und geistliche Oberhäupter, erfaßte die patrizische Oberschicht der Städte, bezog Gelehrte und Künstler ein. Wer nicht selbst zu Lebzeiten dafür sorgt, dass sein Andenken wach gehalten wird, ist mit dem Schlag der Totenglocke vergessen [...] Die mit dem Augsburger Reichstag von 1518 aufkommende, eigenständige, deutsche Medaillenkunst hat in solcher Diesseitsvorsorge ihre wesentlichste Wurzel.«[344] Medaillen bewahrten aufgrund ihrer Haltbarkeit »das Andenken bis auf die spätesten Zeiten.«[345] Dieser Beweggrund war für ihre Herstellung grundsätzlich immer gegeben. In einem bezeichnenden Fall wurde er inschriftlich direkt formuliert: Auf einer Medaille, die der Würzburger Dr. jur. utr. Wilhelm Ganzhorn für sich und seine Frau 1539 anfertigen ließ (Abb. 105), kam er wörtlich zum Ausdruck.[346] Sie zeigt auf der Vorderseite das Paar in einem aus ihren Büsten gebildeten Doppelporträt mit der Umschrift »WILHELM GANCZHOR/NN SABINA .. UX/ORIS IMAGO« und auf der Rückseite über ihren Wappen die Widmung »1539/DEO . OPT[IMO] : MAX[IMO] : SIBI ET POST[E]RIS HOC/MONIMENTVM F[IERI] F[ECERUNT] AETATVM XXXV ET XVII • « – »1539/Gott, dem Besten und Höchsten, sich und ihren Nachkommen haben sie dieses Denkmal machen lassen im Alter von 35 und 17 Jahren«. Von dieser Widmung eines zu Lebzeiten hergestellten »Denkmals« lässt sich – so darf man beim inhaltlichen Vergleich schließen – eine direkte Linie von dem kleinen Format der Medaille zu Aussage und Anspruch des in großem Maßstab ausgeführten »Mannsfeldischen Monuments« ziehen. Beide Werke verstehen sich als Gedächtnismale, das eine im Rahmen des patrizischen Standesbewusstseins, das andere in dem der fürstlichen Repräsentation, beide verbindet der Wunsch der immerwährenden Memoria.

Wer das »Mannsfeldische Monument« geschaffen hat, ist nicht bekannt. Auf dem Inschriftstein findet sich weder eine Signatur, noch ein Bildhauervermerk. Nur einmal ist bisher die Frage nach dem ausführenden Meister, und zwar von I. Roch(-Lemmer) gestellt und mit dem Hinweis auf die Urheberschaft »wahrscheinlich« von Hans Schlegel beantwortet worden.[347] Begründet wird diese Zuschreibung mit der Beobachtung, dass »sowohl im Figürlichen als auch im Ornamentalen Beziehungen zu Werken des

ABB. 106
Mansfeld, Schlosskirche. Epitaph Günthers III. Graf von Mansfeld († 1526)

ABB. 107
Halle, Moritzburg. Weihetafel in der Maria-Magdalenen-Kapelle, 1514

Hans Schlegel in Schloss Mansfeld – vor allem zu dem Epitaph des Grafen Günther in der Schlosskirche bestehen«.[348] Dieses Epitaph (Abb. 106) wird in der Forschung als früheste Arbeit von Schlegel angesehen.[349] In der Entstehungszeit trennt die beiden Werke nur eine geringe Zeitspanne: Das Epitaph dürfte bald nach dem Tod des Grafen (er starb am 5. Juli 1526) geschaffen worden sein, das »Monument« entstand 1528 bzw. 1529.[350] Vergleicht man beide Reliefs, die Kreuzigungsszene mit dem Verstorbenen und seiner Gemahlin am Epitaph und das Fragment des »Monuments«, was infolge des geringeren Umfangs und der Beschädigung des Inschriftsteins freilich nur eingeschränkt möglich ist, so fallen dennoch erhebliche Unterschiede auf, die gegen die Zuweisung an den gleichen Meister sprechen. So erscheint der Formaufbau der Figuren am Epitaph blockhaft-starr, die Gestaltung der Engel am Heldrunger Stein dagegen bewegt-gerundet. Die Gewandformen der Figuren am Epitaph und ebenso deren Köpfe wirken härter und z. T. kantig geschnitten, während die Formen der Engel weicher und ihre Gewänder fließender modelliert sind. Ist ihr Gesichtsschnitt voller, fast pausbäckig, so erscheint er am Epitaph (abgesehen von den ohnehin andersartigen Putten) schmaler, geradezu hager.

Als teilweise neuartig erweist sich die Kleidung der Engel des Heldrunger Fragments. Während der eine von ihnen in ein herkömmliches, sehr üppiges Stoffkleid gehüllt erscheint und ein anderer ein im Oberteil mit Damastmuster reich verziertes Gewand trägt, zeigen die übrigen eine aus dem Formenrepertoire der italienischen Kunst kommende, zuerst in der frühen Renaissance von Augsburg aufgenommene »antikische« Rüstung.[351]

Unterschiedlich ist auch die Formausbildung der Schrifttafeln. Abgesehen von der sprachbedingt abweichenden Schriftform – eine Gotische Majuskel für den deutschen

SUMMA SUMMARUM

Text am Epitaph und eine Renaissance-Kapitalis für den lateinischen am »Monument« – sind vor allem die Einfassungen der für die Inschriftanbringung gebrauchten Kartuschen in ihrer Form grundverschieden. Während die kompakte Tafel des Epitaphs beidseits von kranzartig dicht gereihten, fetten Blättern eingefasst wird, sind es bei den zwei Kartuschen des »Monuments« außerordentlich schmale Blattvoluten. Das Motiv der dichten Blattbegrenzung ist um diese Zeit sonst kaum gebräuchlich.[352] Hingegen hat die Randfassung mit den von der Seitenmitte nach oben und unten abgehenden Volutenranken wie am »Monument« eine große Verbreitung gefunden. Ihren Anfang nahm sie im zweiten Jahrzehnt des 16. Jahrhunderts in der süddeutschen und mittelrheinischen Skulptur – so in Augsburg und Eichstätt bzw. in Mainz[353] – und ebenso in der Grafik,[354] wobei Anregungen durch Ornamentvorlagen zweifellos eine inspirierende Rolle gespielt haben dürften. In Mitteldeutschland fand das Motiv der Inschrifttafel mit den Volutenranken in Halle schon früh Eingang durch Peter Schro von Mainz (Abb. 107)[355] und in Meißen durch die Augsburger Daucher-Werkstatt (Abb. 108, 109).[356]

Beachtung verdient schließlich die bildnerische Ausführung des Reliefs am Inschriften-Sockel des »Monuments«. Die Technik des Flachreliefs war zu dieser Zeit in der mitteldeutschen Kunst ungewöhnlich. Den Weg hierher fand sie wahrscheinlich ebenfalls aus dem Süden, wobei wiederum Augsburg und dann Nürnberg eine bahnbrechende Rolle spielten. Es sind genau die Orte, von denen die Geschichte der deutschen Renaissancemedaille seit 1518 ihren Ausgang nahm, für deren Herstellung der Flachschnitt die künstlerische Voraussetzung war.

Die aufgezeigten stilistischen und formalen Besonderheiten, die das »Mannsfeldische Monument« aufweist und die seine Erscheinung als Werk der frühen mitteldeutschen Renaissance bestimmten, deuten auf die Ausführung durch einen Bildhauer, der gestalterisch in der Umsetzung der gestellten Aufgabe auf der Höhe seiner Zeit war. Der Verlust der fehlenden Teile des ungewöhnlichen Gedächtnismals ist daher um so mehr zu bedauern.

ABB. 108
Meißen, Dom. Relief am Portal der Grabkapelle Herzog Georgs von Sachsen, 1519/21

ABB. 109
Ausschnitt der Schrifttafel »Dominus deus nostri Miserere« und des polnischen Adlerwappens am Sockel des Beweinungsreliefs (s. Abb. 108)

ABKÜRZUNGEN UND ABGEKÜRZT ZITIERTE LITERATUR

HStA Marburg
Hessisches Staatsarchiv Marburg

LASA MD
Landesarchiv Sachsen-Anhalt, Abteilung Magdeburg

LASA WR
Landesarchiv Sachsen-Anhalt, Abteilung Magdeburg, Standort Wernigerode

NLA Wolfenbüttel
Niedersächsisches Landesarchiv Wolfenbüttel

SHStA Dresden
Sächsisches Hauptstaatsarchiv Dresden

BKD 9, 1883
Beschreibende Darstellung der älteren Bau- und Kunstdenkmäler des Kreises Eckartsberga (= Beschreibende Darstellung der älteren Bau- und Kunstdenkmäler der Provinz Sachsen und angrenzender Gebiete IX), unter Mitwirkung von Heinrich Otte bearb. von Gustav Sommer, Halle a. d. S. 1883

BKD 18, 1893
Beschreibende Darstellung der älteren Bau- und Kunstdenkmäler des Mansfelder Gebirgskreises (= Beschreibende Darstellung der älteren Bau- und Kunstdenkmäler der Provinz Sachsen und angrenzender Gebiete XVIII), bearb. von Hermann Grössler und Adolf Brinkmann, Halle a. d. S. 1893

BKD 19, 1895
Beschreibende Darstellung der älteren Bau- und Kunstdenkmäler des Mansfelder Seekreises (= Beschreibende Darstellung der älteren Bau- und Kunstdenkmäler der Provinz Sachsen und angrenzender Gebiete XIX), bearb. von Hermann Grössler und Adolf Brinkmann, Halle a. d. S. 1895

Hempel 1917
Hempel, Erich: Die Stellung der Grafen von Mansfeld zum Reich und zum Landesfürstentum (bis zur Sequestration). Eine verfassungsgeschichtliche Untersuchung (= Forschungen zur thüringisch-sächsischen Geschichte 9), Halle a. d. S. 1917

Klössel-Luckhardt 2017
Klössel-Luckhardt, Barbara: Mittelalterliche Siegel des Urkundenfonds Walkenried bis zum Ende der Klosterzeit (um 1578) (= Corpus sigillorum von Beständen des Staatsarchivs Wolfenbüttel 2), Göttingen 2017

Leers 1907
Leers, Rudolf: Geschlechtskunde der Grafen von Mansfeld Querfurter Stammes, in: Mansfelder Blätter 21, 1907, S. 97–151

Leers 1908
Leers, Rudolf: Geschlechtskunde der Grafen von Mansfeld Querfurter Stammes 2, in: Mansfelder Blätter 22, 1908, S. 110–154

Leers 1910
Leers, Rudolf: Geschlechtskunde der Grafen von Mansfeld Querfurter Stammes 3, in: Mansfelder Blätter 24, 1910, S. 151–226

Leers 1911
Leers, Rudolf: Mansfeldische Erbteilungen im fünfzehnten Jahrhundert, in: Mansfelder Blätter 25, 1911, S. 17–40

Mück 1910
Mück, Walter: Der Mansfelder Kupferschieferbergbau in seiner rechtsgeschichtlichen Entwicklung 1: Geschichte des Mansfelder Bergregals, 2: Urkundenbuch des Mansfelder Bergbaus, Leipzig 1910

Posse 1908
Posse, Otto: Die Siegel des Adels der Wettiner Lande bis zum Jahre 1500. III: Buchstaben D bis Hen, Dresden 1908

Posse 1911
Posse, Otto: Die Siegel des Adels der Wettiner Lande bis zum Jahre 1500. IV: Buchstaben Her bis M., Dresden 1911

Posse 1917
Posse, Otto: Die Siegel des Adels der Wettiner Lande bis zum Jahre 1500. V: Buchstaben N bis Schellevilz, Dresden 1917

Roch 1963
Roch, Irene: Zur Renaissanceplastik in Schloß Mansfeld und Eisleben, in: Wissenschaftliche Zeitschrift der Martin-Luther-Universität Halle-Wittenberg 12, 1963, S. 765–784

Roch 1966
Roch, Irene: Die Baugeschichte der Mansfelder Schlösser mit ihren Befestigungsanlagen und die Stellung der Schloßbauten in der mitteldeutschen Renaissance, Phil. Diss. Leipzig 1966 (Masch.)

Roch 1970
Roch, Irene: Die Mansfelder Schlösser und ihre Befestigungsanlagen, in: Wissenschaftliche Zeitschrift der Martin-Luther-Universität Halle-Wittenberg 19, 1970, Gesellschafts- und Sprachwissenschaftliche Reihe 6, S. 85–109

Roch 1980 und ²1989
Roch, Irene: Schloß Heldrungen (= Baudenkmale 48), Leipzig 1980, 2. überarb. Aufl. Leipzig 1989

Roch-Lemmer 2000
Roch-Lemmer, Irene: Heldrungen, in: Historische Festungen im Mittelosten der Bundesrepublik Deutschland, hrsg. von Hans-Rudolf Neumann, Stuttgart 2000, S. 53–66

ABKÜRZUNGEN UND ABGEKÜRZT ZITIERTE LITERATUR

Roch-Lemmer 2013
Roch-Lemmer, Irene: Schloss Mansfeld (= Schnell Kunstführer 2260), Regensburg 2013

Schmitt 1991
Schmitt, Reinhard: Zur Baugeschichte des Schlosses und der Festung Heldrungen im 16. Jahrhundert, in: Veröffentlichungen des Kreisheimatmuseums Bad Frankenhausen. Beiträge zur Kyffhäuserlandschaft 13, 1991, S. 5–59

Schmitt 1993
Schmitt, Reinhard: Schloß und Festung Heldrungen (= Große Baudenkmäler 448), München/Berlin 1993

Schmitt 1998
Schmitt, Reinhard: Eine bisher unbekannte Ansicht des Schlosses Heldrungen vom 16. Juli 1664 – Quellen zur Zerstörung der Festung im Dreißigjährigen Krieg und zum Wiederaufbau seit 1663, in: Burgen und Schlösser in Sachsen-Anhalt 7, 1998, S. 135–158

Schmitt 2001
Schmitt, Reinhard: Zur Geschichte des Schlosses und der Festung im Dreißigjährigen Krieg und in den Jahren des Wiederaufbaus seit 1663, in: Festungsjournal. Zeitschrift der Deutschen Gesellschaft für Festungsforschung 13, 2001, S. 17–31

Schmitt 2009
Schmitt, Reinhard: Die ehemalige Kapelle des Schlosses Heldrungen, Kyffhäuserkreis, in: Burgen und Schlösser in Sachsen-Anhalt 18, 2009, S. 344–386

Schmitt 2012
Schmitt, Reinhard: Heldrungen, in: Höfe und Residenzen im spätmittelalterlichen Reich. Grafen und Herren, Teilband 2 (= Residenzenforschung 15. IV, Teilband 2), Ostfildern 2012, S. 974–976

Schmitt/Voß 1993
Schmitt, Reinhard/Voß, Gotthard: Schloß und Festung Heldrungen. Baugeschichte und Bauforschung, in: Gebaute Vergangenheit. Berichte aus der Denkmalpflege, Berlin/München 1993, S. 63–88

Siebmacher
Siebmacher, Johann: Großes und allgemeines Wappenbuch. In einer neuen Auflage [...], Nürnberg 1856 ff. (ND Neustadt an der Aisch 1970 ff.)

Spangenberg MChr 1
Spangenberg, Cyriacus: Mansfeldische Chronica. Der Erste Theil, Eisleben 1572

Spangenberg MChr 3.3
Spangenberg, Cyriacus: Mansfeldische Chronica. Der dritte Teil, 3. Buch, hrsg. von Rudolf Leers, Eisleben 1912

Spangenberg MChr 4.1,1
Spangenberg, Cyriacus: Mansfeldische Chronica. Der vierte Teil, 1. Buch, 1. Teil, hrsg. von Rudolf Leers, in: Mansfelder Blätter 30, 1916, S. 13–240

Spangenberg MChr 4.1,2
Spangenberg, Cyriacus: Mansfeldische Chronica. Der vierte Teil, 1. Buch, 2. Teil, hrsg. von Max Könnecke, in: Mansfelder Blätter 31/32, 1918, S. 241–366

Spangenberg MChr 4.3,1
Spangenberg, Cyriacus: Mansfeldische Chronica. Der vierte Teil, 3. Buch, 1. Teil, hrsg. von Carl Rühlemann, in: Mansfelder Blätter 27, 1913, S. 3–312

Spangenberg MChr 4.3,2
Spangenberg, Cyriacus: Mansfeldische Chronica. Der vierte Teil, 3. Buch, 2. Teil, hrsg. von Carl Rühlemann, in: Mansfelder Blätter 28, 1914, S. 313–554

Stillfried/Haenle 1881
Stillfried, Rudolf/Haenle, Siegfried: Das Buch vom Schwanenorden. Ein Beitrag zu den Hohenzollerischen Forschungen, Berlin 1881

ANMERKUNGEN

* Die vorliegende Studie war zunächst als Beitrag zu den Heldrungen-Forschungen von Reinhard Schmitt gedacht. Während der Beschäftigung mit dem Thema ergaben sich aber auch ergänzende Überlegungen zu den Mansfeld-Forschungen von Irene Roch-Lemmer, sodass es schließlich folgerichtig war, das Ergebnis den beiden um die Erforschung der Geschichte, Architektur und Kunst von Heldrungen und Mansfeld außerordentlich verdienten Kollegen zuzueignen. Für vielfältige Hilfe während der Bearbeitung bin ich namentlich Ulrike Degen/Luxembourg, Lothar Lambacher/Berlin, Maurizio Paul/Halle, Paul E. Pfisterer/Schotten, Volker Schmidt/Mansfeld und Bettina Weber/Halle verbunden. Von den halleschen Mitstreitern bin ich vor allem Reinhard Schmitt für den in vielen Jahren kollegialer Zusammenarbeit möglichen Austausch und für die zahlreichen Anregungen und Hinweise, nicht zuletzt durch die Erörterungen der Heldrungen-Probleme herzlich dankbar. Gunar Preuß hat sich auch diesmal beharrlich um das dem aufzunehmenden Gegenstand bestmöglich gerecht werdende Foto bemüht, wofür ihm nachdrücklich zu danken ist. Zu besonderem Dank verpflichtet bin ich schließlich Andreas Stahl, der in enger Zusammenarbeit über Jahre hinweg im Rahmen seiner ausgedehnten Archivrecherchen zur Klärung historischer Fragen entscheidend beigetragen hat.

1 BKD 9, 1883, S. 44.
2 Schuster, Heinrich: Schloß Heldrungen, in: Jahrbuch der Denkmalpflege in der Provinz Sachsen und in Anhalt 1932, S. 41–54, hier 41 f. – Roch 1980, S. 8; ²1989, S. 5 f. – Schmitt 1991, S. 5–59, hier 7 f., 43 f. – Ders.: Bauarchäologische Untersuchungen auf Burgen. Forschungen des Landesamtes für Denkmalpflege Sachsen-Anhalt, in: Burgen und Schlösser 32, 1991, Sonderheft »Neue Bundesländer«, S. 50–63, hier 56. – Ders. 1993, S. 12 f. – Schmitt/Voß 1993, S. 69 f. – Roch-Lemmer 2000, S. 53–66, hier 58.
3 Schmitt 1991, S. 8.
4 Schmitt/Voß 1993, S. 70.
5 Stillfried-Rattonitz, Rudolf Maria Bernhard von: Stammbuch der löblichen Rittergesellschaft Unserer Lieben Frau auf dem Berge bei Alt-Brandenburg oder Denkmale des Schwanenordens, Berlin 1842. – Ders.: Der Schwanenorden. Sein Ursprung und Zweck, seine Geschichte und seine Alterthümer, Halle ²1845. – Stillfried/Haenle 1881. – Ahlborn, Heike/Kamenz, Kirstin/Kruse, Holger: Unsere Liebe Frau/Schwan (1440), in: Ritterorden und Adelsgesellschaften im spätmittelalterlichen Deutschland. Ein systematisches Verzeichnis, hrsg. von Holger Kruse, Werner Paravicini und Andreas Ranft (= Kieler Werkstücke. Reihe D, 1), Frankfurt a. M. 1991, S. 324–346. – Haimann, Franziska: Ritterorden und Adelsgesellschaften – Der Schwanenorden, Norderstedt 2010.
6 Stillfried/Haenle 1881, S. 2 ff., 35–38. Vgl. dazu und zum Folgenden auch Ahlborn/Kamenz/Kruse 1991, wie Anm. 5. Zur Architektur zuletzt: Brandenburgisches Klosterbuch. Handbuch der Klöster, Stifte und Kommenden bis zur Mitte des 16. Jahrhunderts 1, hrsg. von Heinz Dieter Heimann, Klaus Neitmann et al., Berlin 2007, S. 307–328, hier 209 f., 318. – Müller, Joachim: Die Schwanenordenskapelle auf dem Harlungerberg. Eine staatstragende geistliche Stiftung der Hohenzollern, in: Die Mark Brandenburg unter den frühen Hohenzollern. Beiträge zur Geschichte, Kunst und Architektur im 15. Jahrhundert, hrsg. von Peter Knüvener und Dirk Schumann, Berlin 2015, S. 207–228.
7 Däschlein, Theodor: Der Schwanenorden und die sogenannte Schwanenordens-Ritterkapelle in Ansbach, Ansbach 1926. – Stillfried/Haenle 1881, S. 10 ff., 52–54.
8 Statuten: Stillfried/Haenle 1881, S. 37 f. (1440), 41 f. (1443), 55 (1484). Zur Collane: Stillfried-Rattonitz 1842, wie Anm. 5, III, S. 3–5, 11 f. – Ders. 1845, wie Anm. 5, S. 43–48 Anhang III. – Stillfried/Haenle 1881, S. 6 f. – Ahlborn/Kamenz/Kruse 1991, wie Anm. 5, S. 329 f.
9 Stillfried/Haenle 1881, S. 36 r. Spalte.
10 Ebd. S. 41 f. r. Spalte.
11 Ebd. S. 55.
12 Ebd. S. 179.
13 Die genealogische Zählung der Mansfelder Grafen folgt in dieser Studie den Festlegungen von Schwennicke, Detlev: Europäische Stammtafeln. N. F. XIX. Zwischen Weser und Oder, Frankfurt a. M., 2000, ergänzt durch Angaben in: Wikipedia, Stammliste von Mansfeld (abgerufen 2020). Die Angaben in diesen Veröffentlichungen lie-

ANMERKUNGEN

gen der Stammtafel in Anhang II zugrunde.

14 Spangenberg MChr 3.3. – Zu Graf Günther III. ebd. S. 245–272 und zu Graf Hoyer III. S. 273–300.

15 Die Lebensbeschreibung Graf Ernsts II. stand am Anfang von Spangenbergs Darstellung zu Mansfeld-Vorderort, die sich im 4. Buch des 3. Teils der Mansfeldischen Chronica befand, das verschollen ist.

16 Die in nur geringem Umfang erhaltene archivalische Überlieferung bedarf noch einer systematischen Durchsicht.

17 Siehe Ahlborn/Kamenz/Kruse 1991, wie Anm. 5, S. 334.

18 Die Einträge zu Günther II., Anna von Honstein und Margareta von Henneberg s. Stillfried/Haenle 1881, S. 63, 65, 179, zu Elisabeth von Mansfeld S. 68, zu Albrecht V. von Anhalt S. 61, 62, 66 und zu Bruno VI. von Querfurt S. 63 und 67. – Eine »Margareta von Mansfeld« ist schon 1443 (ebd. S. 62) ohne Namen als »ffrowe van mansuelt«, 1455 mit Namen »Margareta Gräfin zu Mansfelt« und 1464/65 (S. 68) schließlich als »Margareta ffrowe von mansfelt« in die Verzeichnisse eingetragen, bei der es sich wahrscheinlich um eine Schwester († 1496) Graf Günthers II., kaum um deren Base gleichen Namens (1459/68), eine Tochter Graf Volrads I., gehandelt haben kann.

19 Stillfried/Haenle 1881, S. 26. – Kemper, Thomas: Schloss Monbijou. Von der königlichen Residenz zum Hohenzollern-Museum, Berlin 2005, S. 242, 298 Anm. 553. – Lambacher, Lothar: Kette des Schwanenritterordens, in: Der Basler Münsterschatz, Basel 2001, S. 196 Kat. V I. – Ziemer, Elisabeth: Der Münsterschatz zwischen Basel und Berlin. »...wahre Verdienste um die Landes- und Kunstgeschichte...«, in: Basler Zeitschrift für Geschichte und Altertumskunde 115, 2015, S. 155–192, hier 163–165. – Der von Kemper S. 148 angeführte Pappkasten in Buchform mit der Aufschrift »Figur des Ordenszeichens der Gesellschaft Unserer Lieben Frauen mit dem Schwanenorden« und einer geschnitzten Darstellung des Abzeichens des Ordens befindet sich im Kunstgewerbemuseum/ Staatliche Museen zu Berlin, Inv. Nr. HM 2614. Das Werk entstand wahrscheinlich um 1843 im Zusammenhang mit der »Erneuerung« des Schwanenordens durch König Friedrich Wilhelm IV.

20 Stillfried/Haenle 1881, S. 26–29. Eine kleine, in den Einzelerläuterungen teilweise fehlerhafte Auswahl auch bei Ahlborn/ Kamenz/Kruse 1991, wie Anm. 5, S. 330–333.

21 Das Wunderbuch Unserer Lieben Frau im thüringischen Elende (1419–1517), hrsg. und kommentiert von Gabriela Signori unter Mitarbeit von Jan Hrdina, Thomas T. Müller und Marc Muntz, Köln/Weimar/Wien 2006, S. 163. – Bräuer, Siegfried: Wallfahrtsforschung als Defizit der reformationsgeschichtlichen Arbeit. Exemplarische Beobachtungen zu Darstellungen der Reformation und zu Quellengruppen, in: Spätmittelalterliche Wallfahrt im mitteldeutschen Raum. Beiträge einer interdisziplinären Arbeitstagung Eisleben 7.–8. Juni 2002, Berlin 2002, S. 15–49, hier 21 f.

22 Kühne, Hartmut: Religiöse Mobilität in der Grafschaft Mansfeld am Ausgang des Mittelalters, in: Martin Luther und Eisleben, hrsg. von Rosemarie Knape (= Schriften der Stiftung Luthergedenkstätten in Sachsen-Anhalt 8), Leipzig 2007, S. 265–305, hier 285–289. – Ders.: Wunder und Wallfahrt im spätmittelalterlichen Thüringen. Eine Zwischenbilanz aus Anlaß von zwei Neuerscheinungen, in: Zeitschrift des Vereins für Thüringische Geschichte 61, 2007, S. 267–286, hier 280–284.

23 Stillfried/Haenle 1881, S. 56.

24 Schmidt, Julius: Das Gnadenbild zu Elende, in: Zeitschrift des Harz-Vereins für Geschichte und Altertumskunde 21, 1888, S. 190–202. – Deutsche Kunstdenkmäler. Ein Bildhandbuch: Thüringen. Erläuterungen und Bildauswahl von Helga Möbius, Leipzig ³1990, S. 421 f. und Taf. 151.

25 Wunderbuch Unserer Lieben Frau 2006, wie Anm. 21, S. 19, 203 f.

26 Ebd. S. 207 und 19 Anm. 9. Zuvor schon Schmidt 1888, wie Anm. 24, S. 199. – Im *Liber benefactorum* sind beider Namen verfälscht wiedergegeben: die Stifterin heißt hier »frauwe Berlebussen«, Gräfin von Gleichen und Blankenhain, und ihr Gemahl »Eberhard«, Graf von Mansfeld und Herr von Heldrungen. Da die Genealogie der Grafen von Gleichen und Blankenhain eine Gräfin namens »Berlebussen« und auch einen ähnlichen weiblichen Namen nicht kennt, muss es sich um die Verballhornung eines als Name gebrauchten, unbekannten Ausgangsworts handeln. »Eberhard« hingegen ist sicher ein Schreibfehler für »Gebhard«. Nach der Zeitstellung des Eintrags (1514) und der – neben der Ehe

Graf Günthers III. mit Anna von Gleichen – einzigen Verbindung zwischen den Häusern Gleichen und Mansfeld kann es sich somit nur um das hier genannte Grafenpaar handeln.

27 Zu den Ablässen für Elende s. Kühne, Wunder 2007, wie Anm. 22, S. 278 ff.

28 Spangenberg MChr 4.3,2, S. 435. – Hempel 1917, S. 22 Anm. 6.

29 Graf Ernst II. wurde am 6. Dezember 1479 geboren und starb am 9. Mai 1531 in Artern.

30 Schuster 1932, wie Anm. 2, S. 47. – Roch 1980, S. 8; ²1989, S. 5, 8. – Schmitt 1991, S. 8. – Ders.: Bauarchäologische Untersuchungen 1991, wie Anm. 2, S. 56. – Ders. 1993, S. 12 f. – Schmitt/Voß 1993, S. 69 f. – Roch-Lemmer 2000, S. 58.

31 Zahlreiche einschlägige Beispiele z. B. bei Habich, Georg: Die deutschen Schaumünzen des XVI. Jahrhunderts, München 1929–1934. – Kastenholz, Richard: Hans Schwarz. Ein Augsburger Bildhauer und Medailleur der Renaissance (= Kunstwiss. Studien 126), München/Berlin 2006.

32 Feicke, Bernd: Die »Mansfeldische Chronik« des Cyriacus Spangenberg, ein Hauptwerk protestantischer Regionalgeschichtsschreibung, in: Martin Luther in der Kulturgeschichte. Der soziale Raum von Martin Luthers Wirken (= Beiträge zur Regional- und Landeskultur Sachsen-Anhalts 6), Halle 1997, S. 103–118. – Ders.: Chroniken des protestantischen Hochadels aus dem 16. Jahrhundert und ihr Autor Cyriacus Spangenberg, in: Beiträge zur Geschichte aus Stadt und Kreis Nordhausen 28, 2003, S. 16–26. – Kaufmann, Thomas: Spangenberg, Cyriacus, in: Neue Deutsche Biographie 24, 2010, S. 623 f. – Berndorff, Lothar: Die Prediger der Grafschaft Mansfeld. Eine Untersuchung zum geistlichen Sonderbewusstsein in der zweiten Hälfte des 16. Jahrhunderts, Potsdam 2010, bes. S. 76–82.

33 Gedruckt liegen vor: Cyriacus Spangenberg: Mansfeldische Chronica. Der Erste Theil, Eisleben 1572. – Dass.: Der dritte Teil. Das dritte Buch, hrsg. von Rudolf Leers, Eisleben 1912. – Dass.: Der vierte Teil [Das 1. Buch – 1. Teil], hrsg. von Rudolf Leers, in: Mansfelder Blätter 30, 1916, S. 13–240. – Dass.: Der vierte Teil [Das 1. Buch - 2. Teil], hrsg. von Max Könnecke, in: Mansfelder Blätter 31/32, 1918, S. 241–366. – Dass.: Der vierte Teil. Das 1. Buch [3. Teil], hrsg. von Carl Rühlemann, in: Mansfelder Blätter 31/32, 1918, S. 367–436. – Dass.: Der vierte Teil. Das dritte Buch [1. Teil], hrsg. von Carl Rühlemann, in: Mansfelder Blätter 27, 1913, S. 3–312. – Dass.: Der vierte Teil. Das dritte Buch [2. Teil], hrsg. von Carl Rühlemann, in: Mansfelder Blätter 28, 1914, S. 313–554. – Zur Überlieferungsgeschichte zusammenfassend Bräuer, Siegfried: Die Stadt Mansfeld in der Chronik des Cyriacus Spangenberg, in: Martin Luther und Eisleben 2007, wie Anm. 22, S. 307–342, bes. S. 311–314.

34 Roch-Lemmer, Irene: Die »Mansfeldische Chronica« des Cyriacus Spangenberg als baugeschichtliche Quelle für Burgen und Schlösser des Mansfelder Landes, in: Burgen und Schlösser in Sachsen-Anhalt 13, 2004, S. 133–150, hier 133–135. – Auch unter dem Titel: Burgen und Schlösser in der »Mansfeldischen Chronica« des Cyriacus Spangenberg, in: Reformatoren im Mansfelder Land. Erasmus Sarcerius und Cyriacus Spangenberg, hrsg. von Stefan Rhein und Günther Wartenberg (= Schriften der Stiftung Luthergedenkstätten in Sachsen-Anhalt 4), Leipzig 2006, S. 279–296.

35 Spangenberg MChr 3.3, S. 186 f., 189; Leers 1911, S. 32. – Die Kaufverschreibung über 18 000 rh. Gulden wurde am 17. Dezember 1479 mit einem vorgesehenen Vollzug »gegen Ostern 1480« ausgefertigt. Die Ausführung verzögerte sich aber durch eine Reihe von Widrigkeiten und kam erst durch einen Vergleich am 8. Juli 1484 mit der reduzierten Kaufsumme von 15 260 rh. Gulden zum Abschluss; ausführlich mit den Quellen: Sammlung vermischter Nachrichten zur Sächsischen Geschichte XII, Chemnitz 1777, S. 297–311.

36 Mück 1910 (2), S. 255 Nr. 173.

37 LASA MD: U 11 A II, Nr. 6a. – Mück 1910 (2), S. 256–258 Nr. 174. Siehe auch BKD 18, 1893, S. 119 f. – Leers 1911, S. 34.

38 Zum Bestand der Bauten am Ende des 15. Jahrhunderts s. Roch 1966, S. 77 f.

39 Zum Teilungsvorgang Spangenberg MChr 1, S. 402v: 1501 »zu Northausen geschehen«; MChr 3.3, S. 248. Die Abrede über die Teilung zwischen den Grafen Günther von Schwarzburg, Heinrich und Botho von Stolberg-Wernigerode sowie Ernst von Honstein erfolgte am 4. Januar 1505: Mück 1910 (2), S. 677 f. Nr. 429. – Leers 1911, S. 35. – Das Ergebnis der Teilung durch acht Verordnete am 16. Juni 1501 ist auf »Teilzetteln« festgehalten und am 6. August d. J. den Grafen

ANMERKUNGEN

überreicht worden: LASA WR: F 4 Aa Nr. 3 Bd. 1 und F 4 Aa Nr. 4.
40 Leers 1911, S. 35.
41 Petzschmann, Ulf: Mittelalterliche Vorgängerbauten und jüngere Befunde auf Schloß Mansfeld, in: Burgen und Schlösser in Sachsen-Anhalt 10, 2001, S. 7–32.
42 Spangenberg MChr 4.1,1, S. 35.
43 LASA MD: U 11 A I, Nr. 19b; Mück 1910 (2), S. 259 Nr. 176.
44 Spangenberg MChr 1, S. 403r. Dass. in: C. Spangenberg: Sächssische Chronica, Frankfurt a. M. 1585, S. 581.
45 LASA MD: U 11 A IX, Nr. 10, Bl. 1r–3r (Orig. mit Siegel Graf Bothos von Stolberg-Wernigerode); daraus alle und die folgenden Zitate. »Copey« des 18. Jahrhunderts Bl. 6r–10r. Druck in: Lünig, Johann Christian: Spicilegium seculare Des Teutschen Reichs Archivs, Leipzig 1719, S. 533–535 (teilweise ungenau).
46 LASA MD: U 11 A IX, Nr. 10, Bl. 1r.
47 Spangenberg MChr 4.1,1, S. 36.
48 Ebd. S. 36.
49 Ebd. S. 37.
50 Diese Bezeichnungen von Irene Roch in: Roch 1966, S. 52 und 55. – Dies. 1970, S. 85–109, hier 92 f.
51 Roch 1966, S. 81. – Dies. 1970, S. 98. – Dies. zuletzt Roch-Lemmer 2004, wie Anm. 34, S. 139 und 149 Anm. 18: 1518 »im wesentlichen vollendet«.
52 Spangenberg MChr 4.1,1, S. 37.
53 Zum heutigen Baubestand der Gebäude von Schloss Vorderort am ausführlichsten Roch 1966, S. 45–57.
54 Spangenberg Chr 3.3, S. 287. Diese Nachricht ist hier zeitlich richtig eingeordnet, mit dem Baugeschehen jedoch fälschlich kompiliert.
55 Hildebrand, Arnold: Sächsische Renaissanceportale und die Bedeutung der hallischen Renaissance für Sachsen (= Studien zur thüringisch-sächsischen Kunstgeschichte 2), Halle a. d. S. 1914, S. 57 f.: 1520er Jahre. – Roch 1963, S. 768: 3. Jahrzehnt 16. Jh. – Dehio, Georg: Handbuch der Deutschen Kunstdenkmäler. Sachsen-Anhalt II: Regierungsbezirke Dessau und Halle, München/Berlin 1999, S. 519 (Roch: um 1520).
56 Hildebrand 1914, wie Anm. 55, S. 58 und 110: um 1530. – Roch 1963, S. 772: 1526 f. – Dies. in: Dehio 1999, wie Anm. 55, S. 519: um 1525/30. – Roch-Lemmer 2013, S. 21: um 1525.
57 Roch 1963, S. 272: um 1522. Zur Entstehungszeit von Hopfers Radierungen jetzt Güthner, Tobias: Von Künstlern und Kaufleuten. Lambrecht und Hieronymus Hopfer, in: Metzger, Christof: Daniel Hopfer. Ein Augsburger Meister der Renaissance, München/Berlin 2009, S. 88 und 98 Anm. 6.
58 Hünicken, Rolf: Halle in der mitteldeutschen Plastik und Architektur der Spätgotik und Frührenaissance (= Studien zur thüringisch-sächsischen Kunstgeschichte 4), Halle a. d. S. 1936, S. 43. – Roch 1963, S. 772.
59 Zucker, Mark J.: Early Italian Masters. The Illustrated Bartsch 25 (Commentary), New York 1980, S. 124.
60 Ebd. S. 125. – Andrea Mantegna, hrsg. von Jane Martineau, Ivrea/Milano 1992, S. 295 f. (Suzanne Boorsch). Vgl. auch Güthner 2009, wie Anm. 57, S. 103 Anm. 55. – Zu Giovanni Antonio da Brescia: Zucker, wie Anm. 59, New York 1980, S. 189 Nr. 17 (327). – Zu Hieronymus Hopfer: Koch, Robert A.: Early German Masters – Hans Brosamer/The Hopfers, in: The Illustrated Bartsch 17, New York 1981, S. 227 Nr. 28 (513).
61 LASA MD: U 11 A IX, Nr. 10, Bl. 1r/v.
62 Spangenberg MChr 4.1,1, S. 59–67.
63 LASA MD: U 11 A IX, Nr. 10, Bl. 1v, dort auch die folgenden Zitate.
64 Spangenberg MChr 4.1,1, S. 40.
65 Dazu ausführlich Bräuer, Siegfried: Der Bauernkrieg in der Grafschaft Mansfeld – Fiktion und Fakten, in: Martin Luther und der Bergbau im Mansfelder Land. Aufsätze, hrsg. von Rosemarie Knape, Eisleben 2000, S. 121–157, hier 130–145.
66 Zuletzt eingebaut gewesen in die im 19. Jahrhundert geschaffene Ziegelüberwölbung anstelle des zerstörten Gewölbes. Nach der Abnahme im Zuge der Mauerwerkssanierung 2010–2012 im Schloss eingelagert; s. Paul, Maurizio: Mansfeld, Schloß Mittelort. Baubegleitende Bauforschung und Dokumentation Juli 2010 bis Juni 2012, Halle 2013 (Manuskript), S. 48 f.
67 Überliefert durch Hermann Größler in: BKD 18, 1893, S. 131.
68 Von dessen Gewölbe stammt vielleicht ein Schlussstein, der sich derzeit in der Sakristei der Schlosskirche befindet. Er hat fast genau die gleiche Form und Größe wie der Schlussstein von 1532 und zeigt im Spiegel ein Allianzwappen derer von Gleichen und Mansfeld, bezogen auf Graf Gebhard und dessen Gemahlin Margaretha Gräfin von Gleichen.
69 Zum gesamten Baubestand Roch 1966, S. 57–62, und dies. 1970, S. 93–95, zuletzt Roch-Lemmer 2013, S. 21–23. – Wesentliche Er-

ganzungen zur Bauaufnahme durch die bauarchäologische Befunderhebung von Maurizio Paul, s. Anm. 66. Für die großzügige Mitteilung der unveröffentlichten Untersuchungsergebnisse und weiterführende Gespräche habe ich Herrn Dipl.-Rest. Maurizio Paul, Halle, nachdrücklich zu danken.

70 Zu Cranach: Nürnberg, Germanisches Nationalmuseum: Bekehrung des Saulus, Gm 226; Germanisches Nationalmuseum Nürnberg. Die Gemälde des 16. Jahrhunderts, bearb. von Kurt Löcher unter Mitwirkung von Carola Gries, Stuttgart 1997, S. 164–166. – Friedländer, Max J./Rosenberg, Jakob: Die Gemälde von Lucas Cranach, Basel/Boston/Stuttgart 1979, S. 158 Nr. 433. – Roch-Lemmer, Irene: Schloß Mansfeld auf Cranach-Gemälden, in: Martin Luther und der Bergbau 2000, wie Anm. 65, S. 218–225. – Zu Merian: Zeiller, Martin/Merian, Matthäus: Topographia Superioris Saxoniae, Thüringiae/Misniae/Lusatiae etc., Frankfurt a. M. 1650 (ND 1964).

71 LASA WR: 1. Ausfertigung: F 4 Aa Nr. 3, Bd. 1, Bl. 23r, 34v; 2. Ausfertigung: F 4 Aa Nr. 4. – Mit der Vorgeschichte dargestellt bei Leers 1911. – Mück 1910 (2), S. 677 Nr. 429.

72 Spangenberg MChr 4.1,1, S. 40.

73 Krümmling, Otto: Graf Christoph III. von Mansfeld-Mittelort verkauft Haus und Amt Seeburg, in: Mein Mansfelder Land 8, 1933, S. 337–341, hier 339: Graf Gebhard wohnte dauernd auf Seeburg und »baute das Schloß dem Zeitgeschmack entsprechend um.« – Heine, K.: Schloß Seeburg und seine Bewohner. Ein Beitrag zur Heimatskunde der Grafschaft Mansfeld, in: Zeitschrift des Harz-Vereins für Geschichte und Altertumskunde 30, 1897, S. 299–330, bes. 306 ff.

74 Bartzsch, Claudia/Schmidt, David: Schloß Seeburg am Süßen See. Baugeschichte und Bauforschung am Rittersaalgebäude, in: Burgen und Schlösser in Sachsen-Anhalt 15, 2006, S. 151–186.

75 Wäscher, Hermann: Die Seeburg am Süßen See, in: Wiss. Zeitschrift der Martin-Luther-Universität Halle-Wittenberg. Ges.-Sprachwiss. Reihe 5, 1956, S. 227–240, hier 230 f. – Ders.: Feudalburgen in den Bezirken Halle und Magdeburg. Textband, Berlin 1962, S. 193–195.

76 Lingke, Johann Theodor: D. Martin Luthers merkwürdige Reisegeschichte zur Ergänzung seiner Lebensumstände und Erläuterung der Reformationsgeschichte, Leipzig 1769, S. 154–156. – D. Martin Luthers Werke. Kritische Gesamtausgabe, Briefwechsel 3, Weimar 1933, S. 479–482 Nr. 860. – Philipp Melanchthons Briefwechsel 1, Regesten 1–1009 (1514–1530), bearb. von Heinz Scheible, Stuttgart-Bad Cannstadt 1977, S. 188 Nr. 390. – Blümel, E.: D. Martin Luther's Anwesenheit in Eisleben, in: Mansfelder Blätter 10, 1896, S. 16–31, hier 25. – Griese, Christiane: Luthers Reise ins Aufstandsgebiet vom 16. 4. 1525 bis zum 6. 5. 1525, in: Mühlhäuser Beiträge 12, 1989, S. 25–35.

77 Francke, Eusebius Christian: Historie der Grafschafft Manßfeld, Leipzig 1723, S. 239 f.

78 Spangenberg MChr 4.1,1, S. 41.

79 Ebd. S. 35.

80 LASA MD: U 11 A IX, Nr. 10, Bl. 1v, Z. 18–21.

81 Siehe Anmerkung 37.

82 Spangenberg MChr 4.1,1, S. 41.

83 Zum erhaltenen Bestand Roch 1966, S. 62–70, und 1970, S. 95–96, sowie Roch-Lemmer 2004, wie Anm. 34, S. 139–141, und 2013, S. 23–25. – Dies.: Schloß Mansfeld-Hinterort und seine glasierten Bodenfliesen der Frührenaissance. Mit einem Beitrag von Ralf Kluttig-Altmann, in: Burgen und Schlösser in Sachsen-Anhalt 25, 2016, S. 211–226, hier 222 f.

84 Siehe z. B. die Veduten in: Braun, Georg/Hogenberg, Franz: Civitates orbis terrarum 4, Köln 1588 f., und Zeiller/Merian, Topographia Superioris Saxoniae 1650, wie Anm. 70. Dazu Größler, Hermann: Die ältesten Abbildungen der Stadt Eisleben, in: Mansfelder Blätter 11, 1897, S. 20–29. – Ergänzend: Roch-Lemmer, Irene: Eislebens Kirchen auf Epitaphgemälden des Kronenfriedhofs in der Lutherstadt, in: Martin Luther und Eisleben 2007, wie Anm. 22, S. 207–221. – Zur Entstehung des Stadtbilds um und nach 1500: Größler, Hermann: Das Werden der Stadt Eisleben. Fünfter Teil, in: Mansfelder Blätter 23, 1909, S. 67–124.

85 Wien, Kunsthistorisches Museum: Hirschjagd des Kurfürsten Friedrichs des Weisen. – Friedländer und Rosenberg 1979, wie Anm. 70, S. 218–222. – Ferino-Pagden, Sylvia/Prohaska, Wolfgang/Schütz, Karl: Die Gemäldegalerie des Kunsthistorischen Museums in Wien. Verzeichnis der Gemälde, Wien 1991, S. 46 Nr. 3560.

86 Überlegungen dazu von I. Roch-Lemmer 2000, S. 222. Zum Auftraggeber

ANMERKUNGEN

und dessen mögliche Rolle s. Koepplin, Dieter: Humanistisch-höfische Repräsentation in Kursachsen seit 1505, in: Koepplin, Dieter/Falk, Tilmann: Lucas Cranach. Gemälde, Zeichnungen, Druckgraphik 1, Basel/Stuttgart 1974, S. 185–254, hier S. 242 f. Nr. 139.

87 Roch 1966, S. 82. – Dies. 1970, S. 98. Zuletzt: Roch-Lemmer 2004, wie Anm. 34, S. 139–141.

88 Spangenberg MChr 4.1,1, S. 41.

89 Hoppe, Stephan: Die funktionale und räumliche Struktur des frühen Schloßbaus in Mitteldeutschland. Untersucht an Beispielen landesherrlicher Bauten der Zeit zwischen 1470 und 1570 (= 62. Veröffentlichung der Abt. Architekturgeschichte des Kunsthistorischen Instituts d. Universität Köln), Köln 1996, S. 413 ff.

90 Größler, Hermann: Graf Albrecht IV. von Mansfeld. Ein Lebensbild aus der Reformationszeit, in: Zeitschrift des Harz-Vereins für Geschichte und Altertumskunde 18, 1885, S. 365–400, hier 369.

91 So wohl auch im Frühjahr 1523, als elf aus dem Augustinerinnen-Kloster Wiederstedt geflohene Nonnen bei Graf Albrecht wahrscheinlich auf Hinterort Schutz fanden; Luthers Werke, Briefwechsel 3, wie Anm. 76, S. 99 f. Nr. 628. – Wartenberg, Günther: Die Mansfelder Grafen und die Klöster im Mansfelder Land, in: Bete und Arbeite! Zisterzienser in der Grafschaft Mansfeld, Halle a. d. Saale 1998, S. 59–71, hier 65. – Über die frühe Nutzung der neuen Räume im Hauptschloss berichtete C. Spangenberg MChr. 4.1,1, S. 62: Infolge der konfessionellen Auseinandersetzungen zwischen den Grafen konnte der von Graf Albrecht ab November 1525 als Hofprediger angenommene Michael Coelius »nicht in der Schloßkirchen, sondern nur auf dem Sale des Hintern Orts und in der Hofstube daselbst predigen.«

92 Dies und das Folgende geht aus dem Teilungsvertrag vom 11. März 1502 hervor: LASA MD: U 11 A I, Nr. 19 b. – Leers 1911, S. 35.

93 Einigung im Vertrag, wie zuvor Anm. 92. – Regest bei Mück 1910 (2), S. 259 Nr. 276.

94 LASA MD: U 11 A IX, Nr. 10, Bl. 2r.

95 Spangenberg MChr 3.3, S. 249. Siehe auch ebd. 4,1.1, S. 252: In der Stadt Eisleben war das nicht erhaltene »Schloß mit einem hohen Steinen-Turm den vorderortischen Graven zuständig.« Zum Schloss zuletzt: Stahl, Andreas: Die Lutherstadt Eisleben als Residenzstadt der Mansfelder Grafen, in: Burgen und Schlösser in Sachsen-Anhalt 24, 2015, S. 316–347, hier 327–330.

96 Spangenberg MChr 4.3,2, S. 434.

97 Ebd., S. 438. – Von den zwei unterschiedlichen Jahresangaben muss 1502 die richtige gewesen sein, wie aus dem als authentisch anzusehenden Text einer verlorenen Bauinschrift hervorgeht. Sie war auf einem Stein »über dem Thore des Heldrunger Schlosses« angebracht und hatte folgenden Wortlaut: »1480 auf den Sonntag Lätare [1. März] hat der Wohlgeborne Herr Gebhard Graf zu Mansfeld dieß Schloß und Herrschaft zu Heldrungen von Graf Hansen zu Hohnstein gekauft und festiglich eingenommen. Wir Ernst, Graf und Herr zu Mansfeld, haben solches nach brüderlicher und väterlicher [richtig: vetterlicher] Erbtheilung, nach dem es uns nach göttlicher Vorsehung zu unserm Theile zugefallen, auf den Sonntag Mis. Dom. [10. April] A. 1502 eingenommen und dieses Gebäude auf Montag nach Quasimodogeniti [19. April] A. 1512 angefangen. Gott gebe uns mit Gnaden das zu vollführen.« (überliefert von Krumhaar, Karl: Die Grafschaft Mansfeld im Reformationszeitalter, Eisleben 1855, S. 96).

98 Roch 1980, S. 4; ²1989, S. 2.

99 Schmitt 1991. – Schmitt, Reinhard: Bauforschung und Denkmalpflege: Die romanische Burg in Heldrungen, in: Denkmalpflege in Sachsen-Anhalt 1, 1993, S. 33–43. Zuletzt ders.: C. Heldrungen, in: Höfe und Residenzen im spätmittelalterlichen Reich. Grafen und Herren, Teilband 2 (= Residenzenforschung 15, IV.2), Ostfildern 2012, S. 974–976.

100 Schmitt 1991, S. 46. – Roch, Irene: Zur Stellung der Festungen Mansfeld und Heldrungen im frühneuzeitlichen Festungsbau, in: Wiss. Zeitschrift der Martin-Luther-Universität Halle-Wittenberg 41, 1992, Geisteswiss. Reihe 5, S. 64–72, hier 64 f.

101 Zum Magazinbau Schmitt 1991, S. 30–32. Zur Kapelle ebd. S. 28–30, ausführlich: ders. 2009.

102 Spangenberg MChr 4.3,2, S. 440.

103 Die Quellen dazu bei Schmitt 2009, S. 344 mit den Anmerkungen 5–8.

104 Als Beispiele seien nur genannt: Meißen, Schloss nach 1471, Rochlitz, Schloss 1470er Jahre, Belzig, Burg Eisenhart nach 1477, Glauchau, Schloss Hinterglauchau zwischen 1470 und 1485, Torgau, Schloss Flügel D 1483–85, Merseburg, Schloss 1489,

Netzschkau, Schloss 1490, Burgheßler, Gotisches Haus 1493/94, Merseburg, Kapitelhaus am Dom 1505/09, Leipzig, Rotes Kolleg 1511/13, Wittenberg, Rathaus 1521/23, Zwickau, Stadthaus derer von Hack zwischen 1537 und 1540.

105 Spangenberg MChr 4.3,2, S. 431–434. – Beytrag, Zur Geschichte der Thüringischen Herrschaft Heldrungen, in: Sammlung vermischter Nachrichten zur Sächsischen Geschichte XII, hrsg. von Gottfried Immanuel Grundig und Johann Friedrich Klotzsch, Chemnitz 1777, S. 281–311.

106 Hingegen findet sie sich wieder am Hauptbau von Mansfeld-Hinterort.

107 Schmitt 1991, S. 33–35.

108 Siehe Anm. 97.

109 Spangenberg MChr 4.3,2, S. 434.

110 Ausführlich dargestellt von Reinhard Schmitt 1991, bes. S. 39 ff.

111 Schmitt 1998, bes. S. 140. – Ders. 2001, S. 21.

112 Schmitt/Voß 1993, S. 68.

113 Ebd. S. 68, 73. – Schmitt 1998, S. 140.

114 Schmitt 2001, S. 23.

115 Schmitt 1998, S. 138–143.

116 Siehe unten S. 37.

117 1505 befand sich Graf Ernst im Gefolge Herzog Georgs von Sachsen; Deutsche Reichstagsakten unter Maximilian I., 8: Der Reichstag zu Köln 1505, bearb. von Dietmar Heil (= Deutsche Reichstagsakten, Mittlere Reihe 8), München 2008, S. 1135 und 1179. Graf Philipp nahm als Begleiter von Landgraf Wilhelm von Hessen teil; ebd. S. 1131 und 1187. – Auf dem Reichstag 1510 in Augsburg wurden Burggraf Hartmann von Kirchberg, Graf Ernst von Mansfeld und Dietrich von Witzleben zu »oratoren und botschaften« für den im Juli d. J. angesetzten Schiedstag in Posen bestimmt; Deutsche Reichstagsakten unter Maximilian I., 11: Die Reichstage zu Augsburg 1510 und Trier/Köln 1512, bearb. von Reinhard Seyboth (= RTA MR 11), Berlin/Boston 2017, S. 375 Nr. 212, S. 319 Nr. 217. – Regesta historico-diplomatica Ordinis S. Mariae Theutonicorum 1198–1525, Pars I, Vol. II, bearb. von Erich Joachim, hrsg. von Walther Hubatsch, Göttingen 1950, S. 390 Nr. 19276, S. 391 Nr. 19277.

118 Die Eheberatung zwischen Graf Philipp von Solms-Lich und Graf Ernst vermittelte Graf Botho von Stolberg-Wernigerode am 21. Mai 1512. Beilager und Kirchgang erfolgten am 14. und 15. Juni. – Battenberg, Friedrich: Solmser Urkunden 3: Urkundenregesten Nr. 2303–3609 (1501–1600), Darmstadt 1983, S. 47 Nr. 2439 und S. 48 Nr. 2442. Dazu Einzelbestimmungen in Nr. 2441, 2446, 2447.

119 Eine gründliche Untersuchung der Baugeschichte fehlt. Nur wenige Angaben finden sich bei Walbe, Heinrich: Die Kunstdenkmäler des Kreises Gießen III: Südlicher Teil ohne Arnsberg, Darmstadt 1933, S. 284 ff. – Uhlhorn, Friedrich: Reinhard Graf zu Solms, Herr zu Münzenberg 1491–1562, Marburg 1952, S. 41 f. – Wagner, August: Das Schloß in Lich – ursprünglich eine Wasserburg, in: Hessische Heimat NF 20, 1970, S. 6–11. – Ders.: Von der Wasserburg zum Schloß – zur Baugeschichte des Licher Schlosses, ebd. NF 22, 1972, S. 136–143. Siehe auch Knappe, Rudolf: Mittelalterliche Burgen in Hessen, Gudensberg-Gleichen ²1995, S. 307 f. – Die äußere Erscheinung ist von Hans Döring in einer Zeichnung (1545) und einem Holzschnitt (1546) sowie in dem Stich von M. Merian festgehalten worden, s. Walbe S. 227–229. Die Wiedergabe des Grundrisses (Abb. 34) und eine Teilansicht des »Schlosses« aus dem frühen 17. Jahrhundert in Hanschke, Ulrike: »Ein dapferer Held und Vermesser«. Landgraf Moritz der Gelehrte und der Bestand seiner architektonischen Handzeichnungen in der Universitätsbibliothek Kassel 2° Ms. Hass.107, Kassel 2012, S. 152 f.

120 Uhlhorn 1952, wie Anm. 119, S. 38–42. – Walbe 1933, wie Anm. 119, S. 232 ff.

121 Zusammenfassend Brohl, Elmar: Polnische Einflüsse auf den frühen Festungsbau in Mitteldeutschland um 1500, in: Militärische Bedrohung und bauliche Reaktion. Festschrift für Volker Schmidtchen, hrsg. von Elmar Brohl, Marburg 2000, S. 14–32; leicht verändert auch in: Von der Burg zum Schloß. Landesherrlicher und Adeliger Profanbau in Thüringen im 15. und 16. Jahrhundert, hrsg. von Heiko Laß, Bucha bei Jena 2001, S. 117–132. – Ders.: Der Festungsbau des hessischen Landgrafen Philipp 1518–1567, in: Festungsjournal 27, 2006, S. 26–50, hier 43 ff.

122 So schon Brohl 2006, wie Anm. 121, S. 44. – Burger, Daniel: Albrecht Dürers »Unterricht zur Befestigung« (1527) und der deutsche Festungsbau des 16. Jahrhunderts, in: Dürer-Forschungen 1, Nürnberg 2007, S. 261–288, hier 264.

123 Roch 1980, S. 4; ²1989, S. 3. – Roch-Lemmer 2000, S. 55. – Schmitt 1991, S. 46.

ANMERKUNGEN

124 Grenzdörffer, Renatus: Das »Schloß« zu Heldrungen, in: Kalender für Ortsgeschichte und Heimatkunde im Kreise Eckartsberga 2, 1897, S. 3–17, hier 8. – Ders.: Kurze Geschichte der Stadt und Festung Heldrungen, in: ebd. 14, 1909, S. 34–41.

125 Schmitt 1991, S. 9, 44. – Ders. 1993, S. 69. – Roch-Lemmer 2000, S. 55.

126 Schmitt 1991, S. 9.

127 R. Schmitt hatte diese Möglichkeit angedeutet, aber als »nicht sehr wahrscheinlich« verworfen.

128 So ist schon für 1518 ein Treffen der Grafen Ernst, Gebhard und Albrecht belegt; Spangenberg MChr 4.3,2, S. 438. Im Januar 1522 trafen sich alle Grafen hier gleich zweimal (18. und 27. Januar); Spangenberg MChr 1, S. 416v; ders.: Sächssische Chronica 1585, wie Anm. 44, S. 602. – Spangenberg MChr 3.3, S. 269 und MChr 4.3.2, S. 438.

129 Spangenberg MChr 1, S. 411v.

130 Schmitt 1991, S. 49 Anm. 15.

131 Albinus, Petrus: Historia von dem Uralten Geschlechte Derer [...] Graffen und Herren Von Werthern [...], Leipzig 1705, S. 42.

132 Spangenberg MChr 4.3,2, S. 435.

133 Sie findet sich noch in einer Beschreibung der Festung von 1590, wo bemerkt wird, Graf Ernst habe das Schloss vor etwa 71 Jahren, also 1519 befestigt; LASA WR: Rep. A 32a, Nr. 238, Bl. 62r–62v.

134 Bräuer 2000, wie Anm. 65, S. 140.

135 Anfang Mai 1525 fand eine Reihe herzoglicher Untertanen in Heldrungen Zuflucht; Akten und Briefe zur Kirchenpolitik Herzog Georgs von Sachsen 2: 1525–1527, hrsg. von Felician Geß, Leipzig 1917 (ND 1985), S. 153–155 Nr. 897, hier 155 Anm. 1. – Nach Auffassung Graf Ernsts wäre Heldrungen, wenn Herzog Georg es zum Lagerplatz seines Heeres wählen würde, groß genug, um »ezlich tausend mann wol dorauf« unterzubringen (ebd. S. 160 Nr. 905). Von einer Abordnung aus Salza, die man gefangen nahm, wurden der Amtmann und drei Ratspersonen »in eyn stuben [bzw. die hofestuben] betaget und die drei Vertreter der Stadt »in [den] torm gelegt« (ebd. S. 209 Nr. 961, S. 224 Nr. 978). Und um für die Verteidigung von Heldrungen im Belagerungsfall gerüstet zu sein, ließ Graf Ernst »uf dem wale« seine Geschütze aufstellen und richten (ebd. S. 221 Nr. 978).

136 Roch, Irene: Zu Burgen- und Schloßdarstellungen bei Cranach, in: Lucas Cranach. Künstler und Gesellschaft. Referate des Colloquiums zum 500. Geburtstag Lucas Cranach d. Ä., Wittenberg 1973, S. 114–116. – Roch-Lemmer, Irene: Schloß Mansfeld auf Cranach-Gemälden, in: Martin Luther und der Bergbau 2000, wie Anm. 65, S. 219–225.

137 Schmitt 1991, S. 44, hatte eine »Modernisierung der 20/30er Jahre« in Erwägung gezogen.

138 Borggrefe, Heiner: Küchenfenster, welsche Giebel und Hofzeremoniell – die Ornamentik der frühen Renaissanceschlösser, in: Schlösser der Weserrenaissance, hrsg. von Michael Bischoff und Hillert Ibbeken, Stuttgart/London 2008, S. 28–35, hier 28. – Ders.: Venezianische Rundgiebel – Ein byzantinisches Würdemotiv und sein Schicksal in Mittelalter und Renaissance, in: Auf welche Manier gebauet. Zur Architektur der mitteldeutschen Frührenaissance, hrsg. von Anke Neugebauer und Franz Jäger (= Hallische Beiträge zur Kunstgeschichte 10), Bielefeld 2010, S. 151–196, hier 169: Früheste Rundgiebel nördlich der Alpen – Schloß Mansfeld. – Zur Entwicklung in Mitteldeutschland zuletzt (Forschungsstand 2007): Neugebauer, Anke: Andreas Günther von Komotau. Ein Baumeister an der Wende zur Neuzeit (= Hallische Beiträge zur Kunstgeschichte 11), Bielefeld 2011, S. 221–237.

139 Krause, Hans-Joachim: Das erste Auftreten italienischer Renaissance-Motive in der Architektur Mitteldeutschlands, in: Acta Historiae Artium. Academiae Scientiarium Hungaricae 13, 1967, S. 99–114, hier 106/108. – Ders.: Albrecht von Brandenburg und Halle, in: Erzbischof Albrecht von Brandenburg (1490–1545). Ein Kirchen- und Reichsfürst der Frühen Neuzeit, hrsg. von Friedhelm Jürgensmeier (= Beiträge zur Mainzer Kirchengeschichte 3), Frankfurt a. M. 1991, S. 296–356, hier 325 f.

140 Zu den Dendrodaten Eyßing, Thomas: Kirchendächer in Thüringen und dem südlichen Sachsen-Anhalt. Dendrochronologie, Flößerei, Konstruktion (= Arbeitsheft des Thüringischen Landesamts für Denkmalpflege und Archäologie, NF 32), Erfurt 2009, S. 53, 160, 178 f. – Zur Giebelherstellung: Krause 1991, wie Anm. 139, S. 315 (mit Quellenangabe).

141 Spangenberg MChr 4.3,2, S. 396.

142 Ebd. S. 395, und: Jacobs, Eduard: Beiträge zur Geschichte von Artern und Voigtstedt, in: Neue Mitteilungen aus dem Gebiet his-

torisch-antiquarischer Forschungen 12, 1869, S. 1–52, hier 34–37.
143 Stahl, Andreas: Burgen und Schlösser der Grafschaft Mansfeld en miniature, in: Burgen und Schlösser in Sachsen-Anhalt 19, 2010, S. 396–417, hier 411.
144 Auch das auf dem gleichen Blatt (s. Abb. 38) dargestellte Seeburg zeigt einen Bau mit Halbkreisgiebeln. Gehörten sie dort vielleicht zum Ausbau des Schlosses unter Graf Gebhard?
145 Borggrefe 2008, wie Anm. 138, S. 30. – Ders. 2010, wie Anm. 138, S. 171.
146 Epitaph Feuerlein, 1563, Veit Thiem zugeschrieben, Stiftung Luthergedenkstätten in Eisleben, Luthers Geburtshaus; Borggrefe 2008, wie Anm. 138, S. 30 Abb. 4. – Ders. 2010, wie Anm. 138, S. 168 Abb. 6c.
147 Epitaph Heidelberg, Veit Thiem, 1561, Eisleben Luthers Geburtshaus; Borggrefe 2008, wie Anm. 138, S. 30 Abb. 5. – Ders. 2010, wie Anm. 138, S. 168 Abb. 6d.
148 Epitaph Heidelberg ebd.; Borggrefe 2008, wie Anm. 138, S. 30 Abb. 6. – Ders. 2010, wie Anm. 138, S. 168 Abb. 6e. – Für das Kloster St. Annen hatte zuerst I. Roch-Lemmer in einer Interpretation des Epitaphs Heidelberg die Ansicht vertreten, dass der zweigeschossige spätgotische Klausurbau aufgrund der Gemäldedarstellung »mit fünf (oder sechs?) hohen rundbogig abgeschlossenen Zwerchhäusern (statt der jetzigen Fachwerkzwerchhäuser [...])« versehen gewesen sei; Roch-Lemmer 2007, wie Anm. 84, S. 214 f.
149 Stahl 2015, wie Anm. 95, zum Schloss S. 328–330, zu Markt 58 S. 237.
150 Schmitt, Reinhard: Zur Baugeschichte des Eisleber Augustinereremitenklosters, in: Von Grafen und Predigern. Zur Reformationsgeschichte des Mansfelder Landes (= Schriften der Stiftung Luthergedenkstätten in Sachsen-Anhalt 17), Leipzig 2014, S. 335–363, hier 351.
151 Verdeutlicht am Beispiel des Doms in Halle von Hoppe, Stephan: Romanik als Antike und die baulichen Folgen. Mutmaßungen zu einem in Vergessenheit geratenen Diskurs, in: Wege zur Renaissance. Beobachtungen zu den Anfängen neuzeitlicher Kunstauffassung im Rheinland und den Nachbargebieten um 1500, hrsg. von Norbert Nußbaum, Claudia Euskirchen und Stephan Hoppe, Köln 2003, S. 88–131, hier 114. Siehe auch: Hünicken 1936, wie Anm. 58, S. 113 f.
152 Im Hinblick auf die Giebel in Halle schon: Hildebrand 1914, wie Anm. 55, S. 223, und Grote, Ludwig: Kardinal Albrecht und die Renaissance in Halle, Halle 1930, S. 12 (ND Halle 2006, S. 22). – Zum Gesamtvorgang Müller, Peter: Die »Welschen Gewels«. Ein Stilelement der deutschen Renaissancearchitektur, in: Mindener Heimatblätter 33, 1961, S. 121–139, hier 121, und Unnerbäck, Eyvind: Welsche Giebel. Ein italienisches Renaisancemotiv und seine Verbreitung in Mittel- und Nordeuropa (= Antikvariskt Arkiv 42), Stockholm 1971. Zuletzt Jäger, Franz: Architektur der Frührenaissance in Mitteldeutschland. Eine forschungsgeschichtliche Bilanz, in: Auf welsche Manier 2010, wie Anm. 138, S. 15. – Borggrefe 2010, wie Anm. 138, bes. S. 155 f., 159, 171 f. – Neugebauer 2011, wie Anm. 138, S. 219 f.
153 Beispielsweise S. Michele in Isola (1478 fertig), S. Maria dei Miracoli (1489 voll.), S. Zaccaria (Giebel nach 1481 bis 1491), Scuola Grande di San Marco (1485–1495), S. Giovanni Crisostomo (1497–1504); Lieberman, Ralph: Renaissance Architecture in Venice 1450–1540, New York 1982, Pl. 4, 12/28, 8, 67, 36. – Siehe auch McAndrew, John: Venetian Architecture of the Early Renaissance, Cambridge, Mass. 1980.
154 Etwa S. Maria della Carità (1452 voll.), SS. Giovanni e Paolo in Muggia (1467), S. Giovanni in Bragora (Fassade 1475 begonnen); Lorenzetti, Giovanni: Venezia e il suo estuario, Venedig/Mailand/Rom/Florenz 1926, S. 632 f. – Lieberman 1982, wie Anm. 153, Pl. 10, 11. Zum Vorgang Wolters, Wolfgang in: Huse, Norbert/Wolters, Wolfgang: Venedig. Kunst der Renaissance. Architektur, Skulptur, Malerei 1460–1590, München 1986, S. 84.
155 Donath, Matthias: Spätgotische Giebel in Sachsen, Beucha 2001.
156 Unnerbäck 1971, wie Anm. 152. – Neugebauer 2011, wie Anm. 138, S. 219–237.
157 Hoppe 2003, wie Anm. 151. – Müller, Matthias: Das Schloß als Bild des Fürsten. Herrschaftliche Metaphorik in der Residenzarchitektur des Alten Reiches (1470–1618) (= Historische Semantik 6), Göttingen 2004, S. 103–111. – Ders.: Residenzarchitektur ohne Residenztradition. Eine vergleichende Bewertung der Residenzarchitektur Albrechts von Brandenburg in Halle unter dem Aspekt der Altehrwürdigkeit, in: Der Kardinal. Albrecht von Brandenburg, Renaissancefürst und Mäzen. Essays, hrsg. von An-

ANMERKUNGEN

dreas Tacke, Regensburg 2006, S. 169–179. – Ders.: »Welsche Manier« und territoriale Konkurrenz. Zur Funktion eines gestalterischen Leitbildes im mitteldeutschen Schloßbau zu Beginn der Frühen Neuzeit, in: Auf welsche Manier 2010, wie Anm. 138, S. 107–127. – Zuletzt der breit angelegte, verschiedentlich unzutreffende oder fehlerhafte Versuch von H. Borggrefe 2010, wie Anm. 138.

158 Spangenberg MChr 3.3, S. 252, 257. Graf Günther gehörte mit »4 Ehrbaren Knechten« einer großen Pilgergruppe an, die ihre Reise ins Heilige Land zusammen mit Herzog Friedrich II. von Liegnitz und Brieg unternahm. Schon in Venedig bildete der Besuch zahlreicher Kirchen einen wichtigen Teil des »Besuchsprogramms«; Bericht über die Pilgerfahrt des Herzogs in: Zeitschrift des Deutschen Palästina-Vereins 1, 1878, S. 101–131, 177–209, Erwähnung Graf Günthers S. 115. Vgl. auch Kühne, Religiöse Mobilität 2007, wie Anm. 22, S. 274–276. Dort S. 273 f. auch Richtigstellung der unzutreffenden Angabe Spangenbergs, dass Graf Günther gemeinsam mit seinem Bruder Hoyer an dieser Fahrt teilgenommen habe. Graf Hoyer war in Wirklichkeit bereits 1504/1505 von Marseille aus – nicht von Venedig – ins Heilige Land gereist; Röhricht, Reinhold: Deutsche Pilgerreisen nach dem Heiligen Lande. Neue Ausgabe, Innsbruck 1900, S. 202.

159 Dazu fehlt jeglicher Anhaltspunkt, zumal die Lebensgeschichte (»Historie«) des Grafen Ernst, die Spangenberg für den Anfang des 4. Buchs seiner Mansfelder Chronica über die »vorderörtischen Herren« angekündigt hatte (s. MChr 3.3, S. 273), nicht erhalten ist.

160 Graf Hoyer nahm im Heer Kaiser Maximilians I. an den Kriegszügen gegen die Republik Venedig teil, war 1509 am Zug gegen Padua und dessen Belagerung beteiligt und im Sommerfeldzug 1511, der bis Treviso führte, einer der Hauptleute; Wiesflecker, Hermann: Kaiser Maximilian I., IV, München 1981, S. 54 und 86.

161 R. Hünicken hat für die hallesschen Domgiebel eine Ausführung nach einer italienischen Visierung für möglich gehalten; ders. 1936, wie Anm. 58, S. 114.

162 Brückner, Wolfgang: Bildnis und Brauch. Studien zur Bildfunktion der Effigies, Berlin 1966. – Reinle, Adolf: Das stellvertretende Bildnis, Zürich/München 1984, S. 190–203.

163 Maué, Hermann: Die Anfänge der deutschen Renaissancemedaille, in: Nürnberg 1300–1550. Kunst der Gotik und Renaissance, München 1986, S. 105–108, hier 105.

164 Zum Gesamtproblem ausführlich die Studien von Preimesberger, Rudolf: Albrecht Dürer: Das Dilemma des Porträts, epigrammatisch (1526), und: Albrecht Dürer: Imago und effigies (1526), in: Porträt, hrsg. von Rudolf Preimesberger, Hannah Baader und Nicola Suthor (= Geschichte der klassischen Bildgattungen in Quellentexten und Kommentaren 2), Berlin 1999, S. 220–227 und 228–238.

165 Aus der Vielzahl der dazu erschienenen Veröffentlichungen: Zeitler, Rudolf: Frühe deutsche Medaillen 1518–1527, in: Figura. Studies edited by the Institut of Art History University of Uppsala, Stockholm 1951, S. 77–119. – Volz, Peter: Conrad Peutinger und das Entstehen der deutschen Medaillensitte zu Augsburg 1518, Heidelberg 1972. – Maué 1986, wie Anm. 163. Vgl. jetzt auch den umfassenden Überblick: Wettstreit in Erz. Porträtmedaillen der deutschen Renaissance, Ausst.-Katalog München/Wien/Dresden, Berlin/München 2013, mit Verzeichnis weiterer Literatur.

166 Beispielsweise auf Medaillen für A. Dürer (nach eigenem Entwurf 1519), für Kaiser Karl V. (1521) und die Brüder Pfinzing (nach 1521) von Hans Schwarz, für Erzherzog Ferdinand I. von Österreich und seine Gemahlin Anna (1523) von Hans Daucher und für die Münchner Hofleute Augustin Lösch, Lucas Wagenrieder und Peter Gleichperger (alle 1526); Habich, Schaumünzen, wie Anm. 31, I, 1, München 1929, Nr. 22, 63–65, 177, 229, 457, 460, 462.

167 Diese Inschrift-Verkürzung hat bereits Zeitler 1951, wie Anm. 165, S. 85 f., erläutert. Frühe Beispiele sind eine Reihe von Medaillen von Hans Schwarz für Hans Burgkmair, Konrad Peutinger, Melchior Pfinzing und Markgraf Joachim I. von Brandenburg, sämtlich 1518; Habich, Schaumünzen I, 1, wie Anm. 31, Nr. 111, 127, 133 und 143. – Kastenholz 2006, wie Anm. 31, Kat. Nr. 16, 17, 36 und 42.

168 Beispielsweise auf den Bildnissen von: Markgraf Albrecht von Brandenburg von Jacopo de' Barbari 1508; Böckem, Beate: Jacopo de' Barbari. Künstlerschaft und Hofkultur um 1500 (= Studien zur Kunst 32), Köln/Weimar/Wien 2016, S. 253 ff. – Herzog Ludwig X. von Bayern von Hans Wertinger 1516; »Ewig blühe Bayerns

Land«. Herzog Ludwig X. und die Renaissance, Regensburg 2009, S. 240 Nr. 6,1. – Prinz Johann IV. von Anhalt von Lucas Cranach d. Ä.; Börsch-Supan, Helmut: Die Gemälde im Jagdschloß Grunewald, Berlin 1964, S. 42 Nr. 43. – Erzherzog Ferdinand I. von Österreich von Hans Maler 1524; Krause, Stefan: Die Porträts von Hans Maler, in: Münchener Jahrbuch d. bildenden Kunst 3. Folge, 63, 2012, S. 69–102, hier 80 und 98 Anm.123. – Jakob Muffel und Johannes Kleeberger, beide von A. Dürer 1526; Anzelewsky, Fedja: Albrecht Dürer. Das malerische Werk, Berlin 1991, S. 275 Nr. 178 und Nr. 278 Nr. 182. – Auf Kupferstichen z. B. von Willibald Pirckheimer 1524 und Erasmus von Rotterdam 1526 von A. Dürer; Albrecht Dürer. Das druckgraphische Werk I, München/London/New York 2001, S. 237–239 Nr. 99 (Matthias Mende) und S. 243–246 Nr. 102 (ders.).

169 Reindl, Peter: Loy Hering. Zur Rezeption der Renaissance in Süddeutschland, Basel 1977, S. 90, 302 Kat. A 31, 489 F 91. Ausgeführt nach einer anonymen Medaille um 1521 mit gleichem Text; Smith, S. Jeffrey Chipps: Medals and the Rise of German Portrait Sculpture, in: Die Renaissance-Medaille in Italien und Deutschland (= Tholos – Kunsthistorische Studien 1), Münster 2004, S. 271–299, hier 282 f.

170 Lieb, Norbert: Die Fugger und die Kunst im Zeitalter der Spätgotik und Frühen Renaissance, München 1952, S. 269 (9a), 413 (9a), 418 (c), Abb. 193, 194.

171 Vielleicht 1632 bei Einnahme und Verwüstung des Schlosses durch kaiserliche Truppen oder erst 1645, als man Haus Heldrungen »occupirt vnd gantz Zerschleifft« hat. Zu 1632 s. Stadler, Barbara: Pappenheim und die Zeit des Dreißigjährigen Krieges, Winterthur 1991, S. 717 f.; Berger, Heiko: Die militärische Bedeutung des Schlosses Heldrungen für das Kurfürstentum Sachsen bis zu seiner Eroberung am 22. Oktober 1632, in: Historia in Museo. Festschrift für Frank-Dietrich Jacob, Langenweißbach 2004, S. 33–53, bes. 49 f. – Zu 1645: Schmitt 1998, bes. S. 135 und 145. Nicht ganz auszuschließen ist auch eine Beschädigung im Zuge von Baumaßnahmen etwa während der Erneuerung des Dachwerks über dem Westflügel; Schmitt 1991, S. 23 und Anm. 74.

172 Nach den Angaben in den Inventaren von 1802 und 1831 befand sich das »Monument«, wie R. Schmitt feststellen konnte (1991, S. 49 Anm. 20), damals noch »am alten Ort«. Um 1880 hat es auch G. Sommer dort gesehen; BKD 9, 1883, S. 44. Doch bald darauf muss es entfernt worden sein, wie aus einem Inventar von 1883 hervorgeht; Sondershausen, Kreisarchiv, Bestand Stadt Heldrungen, ohne Signatur.

173 LASA WR: Rep. A 30c II, Nr. 1777, Bl. 17r. In der Namensangabe ist ein Fehler unterlaufen, indem der Name des Grafen Hans Ernst hier fälschlicherweise für den seines Vaters steht. Hans Ernst, der jüngste Sohn Graf Ernsts, hatte in einer der Erbteilungen nach dem Tod seines Vaters und des Grafen Hoyer († 1540) die Herrschaft Heldrungen übernommen, musste sie aber im Zuge der Sequestration 1570 aufgeben. Er starb am 29. September 1572 nach der Ausfertigung des Inventars; Spangenberg MChr 4.3,2, S. 435.

174 1587: SHStA Dresden: 10036 Finanzarchiv Rep. A 25a II, I Nr. 1503. – 1591: LASA WR: Rep. A 32a, Nr. 243. – 1632: LASA WR: Rep. A 32a, Nr. 246.

175 1746: SHStA Dresden: Oberhofmarschallamt R I, IIv Nr. 1 (unpag.). – Der Eintrag im Inventar von 1754/55 (LASA WR: Rep. A 30c II, Nr. 191, Bl. 7r–8r) entspricht wörtlich dem von 1746.

176 Schmitt 1991, S. 8, und 1993, S. 12.

177 Schmitt/Voß 1993, S. 69.

178 Eine 1881 angefertigte »Abzeichnung« des damals bestehenden Zustands ist verschollen; Grenzdörffer 1897, wie Anm. 124, S. 15 f.

179 Geisberg, Max: Der deutsche Einblatt-Holzschnitt in der ersten Hälfte des XVI. Jahrhunderts, München 1923–1930, Nr. 1276. – Hilger, Wolfgang: Ikonographie Kaiser Ferdinands I. (1503–1564), Wien 1969, S. 36, 159 Kat. 72. – Hollstein, Friedrich Wilhelm Heinrich: German engravings, etchings and woodcuts 1400–1700, XLVIII, Rotterdam 2000, S. 57, 58 Nr. 157.

180 Kohler, Alfred: Ferdinand I. 1503–1564. Fürst, König und Kaiser, München 2003, S. 157 f. (Böhmen), 167 f. (Ungarn). – Kaiser Ferdinand I. 1503–1564. Werden der Habsburgermonarchie, Ausst.-Katalog Wien 2003, darin: Fazekas, István: Ungarns König Ferdinand I. S. 117–129.

181 Röttinger, Heinrich: Hans Weiditz der Petrarcameister, Straßburg 1904, S. 65 Nr. 6. – Nettner-Reinsel, Renate: Die zeitgenössischen Bildnisse Ulrichs von Hutten, in: Ulrich von Hutten. Ritter, Humanist, Publizist 1488–1523. Ausst.-

ANMERKUNGEN

Katalog Schlüchtern 1988, S. 119–135, hier 119–122.

182 Zur Forschungssituation ausführlich: Raupp, Hans-Joachim: Die Illustrationen zu Francesco Petrarca »Von der Artzney bayder Glueck des guten vnd widerwertigen« (Augsburg 1532), in: Wallraf-Richartz-Jahrbuch 45, 1984, S. 59–112, hier 62 f.

183 Geisberg 1923–1930, wie Anm. 179, Nr. 1527. – Dodgson, Campbell: Eine Gruppe von Holzschnittporträten Karls V. um die Zeit der Kaiserwahl, in: Jahrbuch der Kunsthistorischen Sammlungen des Allerhöchsten Kaiserhauses 25, 1905, S. 238–244, Nr. 1 mit Taf. XXXVIII.

184 Geisberg 1923–1930, wie Anm. 179, Nr. 1528; Dodgson 1905, wie Anm. 183, Nr. 2 mit Taf. XL. – Martin Luther und die Reformation in Deutschland. Ausst.-Katalog Nürnberg 1983, Frankfurt a. M. 1983, S. 196 f. (Volker Press).

185 Geisberg, Max: Holzschnittbildnisse des Kaisers Maximilian, in: Jahrbuch der Königlich Preußischen Kunstsammlungen 32, 1911, S. 236–248, hier 241–243. – Meder, Joseph: Dürer-Katalog, Wien 1932, S. 237. – Albrecht Dürer. Das druckgraphische Werk II: Holzschnitte und Holzschnittfolgen, München/Berlin/London/New York 2002, S. 456–459 (D. Eichberger).

186 Bildnisse König Christians II. von Dänemark: 1. Hollstein, German engravings, wie Anm. 179, VI, S. 101 Nr. 124. – Geisberg, Max: Die deutsche Buchillustration in der ersten Hälfte des XVI. Jahrhunderts 2, H. 6, München 1931/32, S. 8. – Koepplin und Falk 1, 1974, wie Anm. 86, S. 351 Nr. 238. – 2. Hollstein VI, S. 102 Nr. 125. – Geisberg 1923–1930, wie Anm. 179, Nr. 638. – Koepplin und Falk 1, 1974, wie Anm. 86, S. 251 Nr. 160. – 3. Schade, Werner: Die Malerfamilie Cranach, Dresden 1974, S. 54. – Koepplin und Falk 1, 1974, wie Anm. 86, S. 346, und diess.: Lucas Cranach: Gemälde, Zeichnungen, Graphik 2, Basel/Stuttgart 1976, S. 780 Anm. 82.

187 Bildnis Kurfürst Friedrichs III. des Weisen; Geisberg 1923–1930, wie Anm. 179, Nr. 1297. – Hollstein XLVIII, S. 70 f. Nr. 164. – Siehe auch: Bildnis Ulrichs von Hutten, nach 1521, ebd. S. 79 f. Nr. 168. – Hutten 1988, wie Anm. 181, S. 129–131.

188 Geisberg 1923–1930, wie Anm. 179, Nr. 47 und 48. – Kaiser Karl V. (1500–1558). Macht und Ohnmacht Europas, Ausst.-Katalog Bonn/Wien 2000, S. 310 Nr. 342 und 343 (Annette Kranz). – Karl V. und seine Zeit. Ausst.-Katalog Schweinfurt und Bamberg 2000, Bamberg 2000, S. 21 f. Nr. 8 und 9.

189 Zum Begriff s. Schmid, Wolfgang: Denkmale auf Papier. Zu Dürers Kupferstichporträts der Jahre 1519–1526, in: Das dargestellte Ich. Studien zu Selbstzeugnissen des späteren Mittelalters und der frühen Neuzeit, Bochum 1999, S. 223–259.

190 Cornelis Matsys 1510/11–1556/57. Œuvre Graphique, Ausst.-Katalog Bruxelles 1985, bearb. von Jan van der Stock, S. 43. – Un prince de la Renaissance. Pierre-Ernest de Mansfeld (1517–1604), II: Essais et catalogue, hrsg. von Jean-Luc Mousset et Krista de Jonge, Ausst. Luxembourg 2007, S. 336–337 (Ulrike Degen). – Cornelis Massys, in: Allgemeines Künstler-Lexikon 87, Berlin 2015, S. 498 f. (Gero Seelig).

191 Massarette, Joseph: Der Luxemburger Gouverneur Graf und Fürst Peter Ernst von Mansfeld (1517–1604). Ein Beitrag zur luxemburgisch-belgischen Geschichte im 16. Jahrhundert, Luxemburg 1925. – Un prince 2007, wie Anm. 190. – Vötsch, Jochen: Peter Ernst I., Graf (seit 1594 Fürst) von Mansfeld-Friedeburg, in: Sächsische Biografie, Online-Ausgabe https://saebi.isgv.de/biografie/Peter_Ernst_I.,_Fürst_von_Mansfeld-Friedeburg_(1517–1604) (11.03.2022).

192 Vötsch 2016.

192a Die Bindung Graf Peter Ernsts an Mansfeld und seine Eltern spiegelte sich auch in der Ausgestaltung seines Luxemburger Landsitzes Schloss »La Fontaine«. Dort gehörte zum Ausstattungsprogramm im Belvederegeschoss des Großen Wohnhauses bzw. »Großen Turms« eine Galerie von Familienbildnissen, in der die Porträts seines Vaters und seiner Mutter eine exponierte Stelle einnahmen; Degen, Ulrike/Röder, Bernd/Borggrefe, Heiner: Die Gemäldeausstattung des Schlosses »La Fontaine« von Peter Ernst von Mansfeld, in: Un prince 2007, wie Anm. 190, S. 263–300, hier 275 f.

193 VD 16, M 5509. – Alle Kirchen Gesäng vnd Gebeet des gantzen Jars […], Faksimile-Ausgabe, in Verbindung mit Richard Bellm hrsg. von Theodor Bogler, Maria Laach 1964. – Claus, Helmut: Das Leipziger Druckschaffen der Jahre 1518–1539 (= Veröffentlichungen der Forschungsbibliothek Gotha 26), Gotha 1987, S. 123 Nr. 80.

194 Bräuer 2000, wie Anm. 65, S. 149.

195 Im Hinblick auf die Bilderfindung hat als erster L. Grote die Zeichnungen für sämtliche Holzschnitte Ge-

org Lemberger zugeschrieben. Im Gegensatz dazu hatte zuvor H. Zimmermann 1924 und später R. Bellm die Ansicht vertreten, dass an den Entwürfen mehrere Zeichner beteiligt gewesen seien, die alle unter dem Einfluss Lembergers gestanden hätten. Jüngst hat demgegenüber I. Reindl in ihrer umfassenden Analyse von Lembergers Gesamtwerk wieder festgestellt, dass »die Bildkompositionen sowie die Figuren- und Gewandauffassung [...] eindeutig die übergeordnete Handschrift Lembergers« zeigten, der demzufolge »die Vorzeichnungen übernommen« haben dürfte; Grote, Ludwig: Georg Lemberger, Leipzig 1933, S. 28 f. – Hildegard Zimmermann: Beiträge zur Bibelillustration des 16. Jahrhunderts, Straßburg 1924 (ND Baden-Baden 1973). – Bellm, Richard: Der Bilderschmuck im Flurheymschen Meßbuch von 1529, in: Alle Kirchen Gesäng 1964, wie Anm. 193, S. 111*–116*. – Reindl, Isabell Christina: Georg Lemberger. Ein Künstler der Reformationszeit. Leben und Werk, Diss. Bamberg 2006, I: S. 58, II: S. 116–119, 275, 291.
196 Bellm 1964, wie Anm. 193, S. 115*. – Reindl 2006, wie Anm. 195, S. 58 Anm. 126.
197 Siebmacher Bd. I, 1, 4 (1921), Taf. 40, 2 und 3, S. 52 und 56. Vgl. Arndt, Jürgen: Das Wappenbuch des Reichsherolds Caspar Sturm, Neustadt a. d. Aisch 1984, S. 200, 203, 210.
198 Siebmacher Bd. I, 3, 1 (1878), Taf. 127a, S. 59 Anm. **, 60.
199 Eine umfassende Gesamtdarstellung ist ein Forschungsdesiderat. Außer dem Ansatz in J. Siebmachers Wappenbuch sind bisher nur Ausschnitte und Einzelfragen behandelt worden, angefangen bei den Mitteilungen C. Spangenbergs in seiner MChr 1 (1572), dann von E. Ch. Francke 1723, wie Anm. 77, S. 129 f. – von Ledebur, Leopold: Die Grafen von Valkenstein am Harz und ihre Stammesgenossen, Berlin 1847. – von Mülverstedt, George Adalbert in: Zeitschrift des Harz-Vereins für Geschichte und Altertumskunde 3, 1870, S. 949, 957 ff. und in: Geschichts-Blätter für Stadt und Land Magdeburg 6, 1871, S. 88 f. – Größler, Hermann: Das Wappen der Grafschaft Mansfeld und die Wappen der Städte, in: Mansfelder Blätter 16, 1902, S. 145–159.
200 Posse 1917, S. 47 Nr. 346, Taf. 19,10. – Klössel-Luckhardt 2017, S. 479 A 145. – Zu den Münzbildern Burchards I.: Erbstein, Julius und Albert: Zur mittelalterlichen Münzgeschichte der Grafen von Mansfeld und der Edlen Herren von Querfurt, Dresden 1876, S. 7 f. – Tornau, Otto: Die Brakteaten der Grafen von Mansfeld, der Edlen Herren von Friedeburg und der Herren von Schraplau, Grünberg 1940, insbes. S. 9 f. mit Taf. 2 Nr. 27–32.
201 BKD 19, 1895, S. 100. – Dehio 1999, wie Anm. 55, S. 452 (I. Roch-Lemmer).
202 BKD 19, 1895.
203 Findeisen, Peter: Die Lutherstätten in Eisleben, München/Berlin 1993, S. 36 f. – Roch-Lemmer, Irene: Die Andreaskirche zu Eisleben (= Kleine Kunstführer 2050), Regensburg ²1996, S. 19, ⁵2017, S. 24. – Dies.: Grablegen und Grabdenkmäler der Grafen von Mansfeld im 16. Jahrhundert, in: Mitteldeutschland, das Mansfelder Land und die Stadt Halle. Neuere Forschungen zur Landes- und Regionalgeschichte (= Beiträge zur Regional- und Landeskultur Sachsen-Anhalts 15), Halle (Saale) 2000, S. 156–172, hier 160 f.
204 Könnecke, Max/Kutzke, Georg: Die Grabdenkmäler des Mansfelder Grafenhauses in der St. Andreaskirche zu Eisleben, in: Mansfelder Blätter 25, 1911, S. 67–94, hier 72. Auch H. Größler war nach 1895 zu dieser Auffassung gelangt; ders. 1902, wie Anm. 199, S. 146. f.
205 Die linke Figur ist entgegen der Ansicht von M. Könnecke und G. Kutzke schon aufgrund ihrer hervorgehobenen Stellung auf der heraldisch rechten Seite des Paars als die männliche anzusprechen.
206 Aus dem Text der Umschrift des Grabsteins geht hervor, dass zum Zeitpunkt seiner Entstehung Gräfin Elisabeth bereits verstorben war.
207 I. Roch-Lemmer spricht von »Gedächtnisstein«, bezogen aber auf das Gedenken an das gräfliche »Stifterpaar« Burchard I. und Elisabeth; Dehio 1999, wie Anm. 55, S. 452. Mit gleicher Zuordnung ausführlicher in: Roch, Grablegen 2000, wie Anm. 203.
208 Nach Auffassung von Gustav A. Seyler war Burchard II. (III.) († vor dem 30. Juni 1178) als Stifter dieses Wappens anzusehen; Siebmacher Bd. I, 1, 4 (1921), S. 52.
209 Posse 1917, S. 46 Nr. 333 und Taf. 18,6 (Vorkommen 1238 bis 1253). – Klössel-Luckhardt 2017, S. 491 A 158.
210 Daneben erscheint er 1242 in einer Urkunde für das Benediktinerkloster Eilwardesdorf (Marienzell) als Vogt von Querfurt: *Burchardus d[ei] g[ratia] advocatus de Querenuorde*; Leers 1907, S. 101.

ANMERKUNGEN

211 Gockel, Michael: Allstedt (A). Kreis Sangerhausen, Bezirk Halle, in: Die deutschen Königspfalzen 2: Thüringen, Göttingen 2000, S. 1–38, hier 7 und 33 f.

212 Zu Gebhard V.: Lötzke, Helmut: Die Burggrafen von Magdeburg aus dem Querfurter Hause, Phil. Diss. Greifswald 1950 (Masch.), Bad Langensalza 2005, S. 85 f. und 102. – Zu Ruprecht: Posse 1917, S. 46 Nr. 334 und Taf. 18,7.

213 Posse 1917 S. 47 Nr. 335 und Taf. 18,8 (1253, 1264). – Klössel-Luckhardt 2017, S. 492 A 159 (dort unter Burchard d. J.).

214 Spangenberg, Cyriakus: Quernfurtische Chronica, Erfurt 1590, S. 294 f. – Leers 1907, S. 97, 111 f.

215 Burchard (V.) II. zeugte als »Burggraf von Querfurt und Graf in Mansfeld« erstmals 1264 Nov. 29 in einer Urkunde Hermanns Graf von Orlamünde; Heinemann, Otto von: Albrecht der Bär. Eine quellenmäßige Darstellung seines Lebens, Darmstadt 1864, S. 494 f. Nr. 157.

216 Klössel-Luckhardt 2017, S. 480 A 146 (Vorkommen 1266–1306).

217 Posse 1917, S. 47 Nr. 336 und Taf. 18,9 sowie Nr. 340 und Taf. 19,4. – Klössel-Luckhardt 2017, S. 492 A 159.

218 Posse 1917, S. 47 Nr. 347 und Taf. 19,11.

219 Ebd., S. 48 Nr. 348 und Taf. 19,12 (Vorkommen 1282–1310).

220 Ebd., S. 48 Nr. 349 und Taf. 20,1 (Vorkommen 1324–1341).

221 Ebd., S. 44.

222 Ebd., S. 48 Nr. 350 und Taf. 20,2 (Vorkommen 1334–1354).

223 Ebd., S. 48 Nr. 356 und Taf. 20,8.

224 Graf Otto: Ebd., S. 48 Nr. 355 und Taf. 20,7 (Vorkommen 1341–1346). – Graf Albrecht: ebd. Nr. 352 und Taf. 20,4 (1349/1350) sowie Nr. 353 und Taf. 20,5 (1350).

225 Er findet sich schon 1312 bei Gerhard von Querfurt († zwischen August 1312 und Februar 1313), 1324/1334 bei Bruno III. von Querfurt (* um 1280, † nach 1345) und 1337/1345 bei Burchard von Querfurt († 1350); Posse 1917, S. 50 Nr. 383 und Taf. 22,7, Nr. 384 und Taf. 22,8 sowie Nr. 385 und Taf. 22,9.

226 Aufgekommen war das Wappen mit dem siebenmal quergeteilten Schildfeld durch die Edelherren von Querfurt vielleicht schon im 12. Jahrhundert. Als Stifter hat G. A. Seyler Burchard II., den 2. Burggrafen von Magdeburg aus dem Querfurter Hause angesehen; Siebmacher Bd. I, 1, 4 (1921), S. 52. Zur Person des Burggrafen: Lötzke 2005, wie Anm. 212, S. 35–43. Das erste erhaltene Beispiel eines Siegels der Querfurter Herren stammt von Burchards II. Enkel, dem 5. Burggrafen von Magdeburg: Burchard IV. von Querfurt (* um 1189/90, † zwischen 1243 und 1246/47); Lötzke S. 101, zur Person ebd. S. 100–114. Das Siegel, nachgewiesen 1221–1226, bei Posse 1917, S. 46 Nr. 328 und Taf. 18,1.

227 Die Siegelführer waren Albrecht I. (* um 1328, † zwischen 23. 8. 1361 und 6. 4. 1362), Posse 1917, S. 48 Nr. 354 und Taf. 20,6, und Gebhard III. († 1382), ebd. Nr. 351 und Taf. 20,3. – Dann: Burchard V. († zwischen 19. 3. 1389 und 7. 2. 1391) ebd. Nr. 357 und Taf. 20,9, Günther I. († 1412) ebd. S. 49 Nr. 259 und Taf. 20,11, Albrecht II. († 1416) ebd. Nr. 360 und Taf. 20,12, und Volrad I. († 1450) ebd. Nr. 361 und Taf. 21,1. – Zuletzt noch Günther II. († 1475) ebd. Nr. 365 und Taf. 21, 5, und Burchard VII. († 1460) ebd. Nr. 366 und Taf. 21,6.

228 Spangenberg MChr 1, S. 358v–359r. – Ausführlich dargestellt von Leers 1911, S. 19–22.

229 LASA MD: U 11 A I Nr. 3. Auszugsweise gedruckt bei Mück 1910 (2), S. 245 f. Nr. 159.

230 Posse 1917, S. 49 Nr. 363 und Taf. 21,3.

231 Ebd., S. 49 Nr. 362 und Taf. 21,2.

232 Ebd., S. 49 Nr. 365 und Taf. 21,5 (Vorkommen 1434–1471).

233 Graf Burchard VII. benutzte ab 1455, als er volljährig wurde, zunächst bis 1458 das angeborene Querfurter Wappenbild; ebd., S. 49 Nr. 366 und Taf. 21,6; s. zu 1455: LASA MD: U 11 A I, Nr. 12 c (Februar 24), Nr. 12 dd (Juli 10), Nr. 12 e (Dezember 31) und zu 1458: ebd. U 11 A I, Nr. 12 f (März 10). Das Wappen mit dem neuen quadrierten Schild findet sich zuerst an einer am 18. Februar 1459 ausgestellten Urkunde; Posse 1917, S. 49 Nr. 367 und Taf. 21,7; LASA MD: U 11 A I, Nr. 13. Die Entstehung dieser Neuschöpfung fiel vielleicht nicht zufällig in den Zeitraum um seine Eheschließung mit Katharina von Schwarzburg, die am 5. November 1458 stattfand; Leers 1910, S. 171. – Schwennicke 2000, wie Anm. 13, Taf. 85. Graf Volrad II. ließ sich sein Siegel mit dem quadrierten Wappen unmittelbar nach Erreichen seiner Volljährigkeit 1464 schneiden; Posse 1917, S. 49 Nr. 368 und Taf. 21,8; LASA MD: U 11 A I, Nr. 14 c (März 7).

234 Als Erbsiegel 1439–1453 gebraucht; Posse 1917, S. 49 Nr. 369 und Taf. 21,9. Zur vorangehenden Nutzung durch Gebhard V. ebd. Nr. 363, und Taf. 21,3.

235 Albrecht III. 1470–1480: Posse 1917, S. 49 Nr. 370 und Taf. 21,10, und Nr. 371 und Taf. 21,11. Vgl. auch Mück 1910 (2), Taf. I, Nr. 8. – Ernst I. 1470–1480: Posse 1917, S. 49 Nr. 372 und Taf. 21,12, und Nr. 373 und Taf. 21,13.

236 Der junge Graf Burchard VII. benutzte, gerade mündig geworden, zunächst (1455) und nur kurze Zeit die von seinem Vater übernommene Siegelform mit dem Querfurter Balkenschild, s. Anm. 233, griff aber dann die »moderne« quadrierte Form auf, die er veränderte.

237 Siehe Anm. 92.

238 Zum Wappen der Herren von Heldrungen s. Posse 1908, S. 114 f. und Taf. 41–42.

239 Bereits wenige Wochen nach der 1501 vollzogenen Teilung finden sich die neuen Siegel der Grafen Günther III. und Ernst II. an einer Urkunde vom 9. September 1501: Wiederkaufsbrief der beiden Grafen über Schloss und Dorf Bornstedt für Veit von Dragsdorff: LASA MD: U 11 A VII, Nr. 3.

240 Posse 1917, S. 50 Nr. 374 und Taf. 21,14, nennt als ersten Beleg für dieses Siegel von Graf Ernst II. erst eine Urkunde vom 21. August 1503: LASA MD: U 11 A I, Nr. 21a.

241 Grundig und Klotzsch 1777, wie Anm. 105, S. 285–288, 298–302, 308–311. – Leers 1910, S. 203 zu 1484 Juli 8. – Mück 1910 (2), S. 255 Nr. 172.

242 Druck bei Grundig und Klotzsch 1777, wie Anm. 105, S. 302–308. Vgl. Hempel 1917, S. 55.

243 Spangenberg MChr 3.3, S. 191. – Grundig und Klotzsch 1777, S. 287.

244 Wie eine Wiedergabe seines Wappens in der Stadtkirche St. Georg zu Mansfeld zeigt. Dort ist seit etwa 1929 im Ostfenster des nördlichen Choranbaus links und rechts neben der Darstellung des Hl. Georg – des Patrons der Kirche und zugleich Schutzheiligen der Grafschaft und Grafen von Mansfeld – jeweils eine Wappenscheibe eingelassen. Die linke ist inschriftlich als Stiftung Graf Hoyers (*hoier • G*[raf] *• zo ma*[n]*sfelt*) ausgewiesen, die rechte als die seines Bruders Graf Günther (*Gü*[n]*ter graue czo ma*[n]*sfelt*), eine Jahreszahl fehlt. Beide Wappen haben eine völlig gleiche Form: der Schild ist quadriert und enthält in Feld 1 die Querfurter Teilung, in den Feldern 2 und 3 den Heldrunger Löwen mit dem geschachten Schrägbalken und in Feld 4 die Mansfelder Rauten; s. Mock, Markus Leo: Mansfeld • Stadtpfarrkirche, in: Aman, Cornelia/Bednarz, Ute/Deiters, Maria/Mock, Markus Leo/Schirr, Juliane/Voigt, Martina: Die mittelalterlichen Glasmalereien in Sachsen-Anhalt, Süd (= CVMA/Corpus Vitrearum Medii Aevi, Deutschland XIX,5), Berlin/Boston 2021, S. 271–280, Abb. S. 275. Als Entstehungszeit der Scheiben wird von der Forschung bisher pauschal das »1. Viertel 16. Jh.« bzw. »um 1520« angenommen; so z. B. von Roch, Irene: Schloß- und Stadtkirche zu Mansfeld (= Das Christliche Denkmal 117), Berlin 1983, S. 25, und: Roch-Lemmer, Irene: Mansfeld. Evangelisch-Lutherische Stadtkirche St. Georg (= Schnell Kunstführer 2578), Regensburg 2005, S. 10. Jetzt auch: Die Kirche St. Georg. Ein Reformationsort Europas in Luthers Heimatstadt Mansfeld, hrsg. von Matthias Paul und Thomas Hübner, Wettin-Löbejün OT Dößel 2019, S. 154, 230, abweichend S. 231: »etwa zwischen 1518 und 1524«. – Zuletzt hat sich Markus Leo Mock intensiv mit der Mansfelder Glasmalerei beschäftigt. Wiederum von den wenigen Angaben zur Baugeschichte der Kirche ausgehend und die historische Stellung der Stifter in den konfessionellen Auseinandersetzungen im frühen 16. Jh. einbeziehend, schlägt er für die Entstehung der Scheiben den Zeitraum von »nach 1523« bis »vor 1526« vor. Dieser zeitlichen Einordnung widerspricht jedoch der Umstand, dass die Grafen Hoyer und Günther bereits 1515 bzw. 1516 die Anbringung des Heldrunger Löwen in ihrem Wappenbild aufgegeben haben (s. unten Anm. 246 und 247). Daher dürfte die Glasmalerei in der Mansfelder Stadtkirche weder »um 1520« noch zwischen 1523 und 1526 geschaffen worden sein – ihre Entstehung muss in die Jahre kurz vor dem Verzicht der Grafen, d. h. zwischen 1510 und 1515, datiert werden.

244a Siehe die Wappensiegel Gebhards von 1503, Albrechts von 1503 und 1506, bei Posse 1917, S. 50 Nr. 375 und 376, und das Wappen Albrechts auf einer Stifterscheibe der Annenkirche in Eisleben; Mock, Markus Leo: Eisleben, Annenkirche, in: CVMA XIX, 5, 2021, wie Anm. 244, S. 113–134, hier S. 121.

245 Spangenberg MChr 3.3, S. 191 und 4.3,2, S. 437.

246 Spangenberg MChr 4.3,2, S. 437, und 3.3, S. 277.

247 Zum Verzicht 1516 s. Spangenberg MChr 3.3, S. 264. – Das Siegel Graf Günthers ohne den Heldrunger Löwen findet sich schon zuvor an Lehnbriefen für Henning von Neindorf

ANMERKUNGEN

und dessen Vettern: LASA MD: U 8a, von Neindorff Nr. 33 (1511) und Nr. 37 (1516 April 24).

248 Spangenberg MChr 4.3,2, S. 435.

249 1486 Juli 26: Mück 1910 (2), S. 81–83 Nr. 119. – 1495 Oktober 2: Grundig und Klotzsch 1777, wie Anm. 105, S. 289.

250 Siebmacher Bd. VI, 11 (1905), S. 5, Taf. 2.

251 BKD 18. 1893, S. 8–18. – Heinrich, Gerd: Die Grafen von Arnstein (= Mitteldeutsche Forschungen 21), Köln/Graz 1961 (ND 2016), zur Verbindung Arnstein-Falkenstein S. 54–56. – Schmitt, Reinhard: Zur Geschichte und Baugeschichte der Burg Arnstein, Mansfelder Land, in: Burgen und Schlösser in Sachsen-Anhalt 10, 2001, S. 33–132, hier 36.

252 Kreysig, George Christoph: Beiträge zur Historie derer Chur- und Fürstlichen Sächsischen Lande 3, Altenburg 1756, S. 412–414. – Spangenberg MChr 3.3, S. 121, und 4.3,1, S. 24. – Urkundenbuch der Klöster der Grafschaft Mansfeld (= Geschichtsquellen der Provinz Sachsen und angrenzender Gebiete 20), bearb. von Max Krühne, Halle 1888, S. 545 Nr. 15.

253 Spangenberg MChr 4.3,1, S. 50–54.

254 Ebd., S. 54.

255 Der Siegelring ist an einem Kelch von 1531 angebracht, der heute in der Stadtkirche von Mansfeld aufbewahrt wird; BKD 18. 1893, S. 160–162. – Siegelfragment: LASA MD: U 5 XIII, Nr. 262c.

256 Erst ein Erlass Kaiser Rudolfs II. hob die Verzichtserklärungen von 1515/1516 auf und gestattete auch den Grafen von Mittel- und Hinterort dem Querfurt-Mansfeld-Wappen Arnstein und Heldrungen hinzuzufügen; Größler 1902, wie Anm. 199, S. 148. – Spangenberg MChr 4.3,2, S. 437, gibt das Jahr 1595 an.

257 Inventar 1587: SHStA Dresden: 10036 Finanzarchiv, Rep. A 25 a II, I Nr. 1503, Bl. 24v–25r: »In der Kirchen [...] Das Mannsfeldische Wapenn«. – 1591: LASA WR: Rep. A 32 a Nr. 243, Bl. 14v: »Das Mannsfeldische wapenn«. – 1632 s. Anm. 258. – 1746 s. Anm. 259. – 1754: LASA WR: Rep. A 30 c II, Nr. 191, Bl. 18r/v: »Aus der alten abgetragenen hiesigen Schloß-Kirche ist in die Backstube gebracht worden [...] 4.) 2 rundte in Stein gehauene Wapen, 5.) Ein großes rundtes Wapen von Holtz«. 1764 und 1787 waren, wie R. Schmitt anhand der Inventare dieser Jahre festgestellt hat, noch zwei aus der Kirche geborgene Sandsteinwappen vorhanden. Sie sind wie die übrigen erhaltenen Stücke aus der Kirche bald danach, zwischen 1787 und 1799, abhandengekommen; Schmitt 2009, S. 360 f.

258 LASA WR: Rep. A 32 a Nr. 246, Bl. 85r–87r: »In der Kirchen [...] stehen vf dem Althar ein vergoldt Marienbildt [...] Item zwey Gräfl. Mansfeldische Wapen. An der Mauer hinter dem Althar, Das Gräfl. Mansfeldische Wapen in holtz geschnitzt, ist rundt, vndt mit Golde vndt andern Farben ausgestrichen [...] Das Gräfliche Manßfeldische Wapen stehet vber dem Predigstuell deckelln | Noch ein Gräflich Mansfeldisch Wapen gleich kegen dem Vorigen vber, ist an die Mauer geheftt.«

259 SHStA Dresden: Oberhofmarschallamt R I, IIv Nr.1, unpag.: »An der Mauer gegen Mitternacht ist ein Wapen, welches in Stein gehauen, in 6 Felder getheilet. In der [= dem] obern, rechter hand, ist ein blauer Greiff in goldene[m] Feldte, das mittelste ist ein golden Feld und das unterste ein rothes Feld | lincker hand ist wieder ein goldenes, das mittelste ein rothes Feld, und das unterste wieder ein blauer Greiff in goldenen Feldte | Auf den helm ist ein Löwe, sitzend zwischen 2 großen Vogel Flügeln und die Schildzierarthen blau und Gold.«

260 Siehe Anm. 258.

261 Spangenberg MChr 4.3,2, S. 440. – Erst um 1578 erfolgte die Überführung der Gebeine Graf Ernsts von Heldrungen in die St. Andreaskirche zu Eisleben; Spangenberg MChr 4.1,2, S. 315. – Könnecke und Kutzke 1911, wie Anm. 204, S. 85 f. – Brinkmann, Inga: Die Grablegen der Grafen von Mansfeld in der St. Annenkirche zu Eisleben – Zum Problem lutherischer Grablegen in der zweiten Hälfte des 16. Jahrhunderts, in: Archäologie der Reformation, hrsg. von Carola Jäggi und Jörn Staecker (= Arbeiten zur Kunstgeschichte 104), Berlin/New York 2007, S. 164–191, hier 177.

262 Spangenberg MChr 3.3, zu Graf Günther S. 272 und zu Graf Hoyer S. 297.

263 Schmitt 1991, S. 30. – Ders. 2009, S. 361 und Anm. 51. – Dehio, Georg: Handbuch der Deutschen Kunstdenkmäler. Thüringen, München/Berlin 1998, S. 923: Oberheldrungen (N. Laible). Siehe auch BKD, 1883, S. 42: Harras.

264 Zum Vergleich s. die Wappenholzschnitte im Messbuch von 1529 in Abb. 56.

265 Sie stehen für Susanna von Bickenbach (vor 1469–1530), Graf Ernsts Mutter, Agnes von Nassau (1439–1485), Großmutter mütterlicherseits, und Anna von Honstein († vor 1450),

Großmutter väterlicherseits. Zu ihren Wappen: Siebmacher Bd. VI, 1, 3 (1911), S. 162 Taf. 113 (Bickenbach), Bd. I, 3, 3 (1887), S. 183 Taf. 206 (Nassau), Bd. I, 1, 4 (1921), S. 47 Taf. 39,1 (Honstein).
266 Angebracht für Adriana von Hanau-Münzenberg (1470–1524), Gräfin Dorotheas Mutter, Walpurg Wild- und Rheingräfin zu Dhaun (1436–1493), Großmutter väterlicherseits, und Adriana von Nassau-Dillenburg (1449–1477), Großmutter mütterlicherseits. Zu ihren Wappen: Siebmacher Bd. I, 1, 3 (1916), S. 85 Taf. 93,6 (Stammwappen) oder Taf. 94, 1 und 2 (Hanau-Münzenberg), Bd. I, 3, 1 (1878), S. 83 Taf. 188 (Wild- und Rheingrafen zu Dhaun), Bd. I, 1, 3 (1916), S. 56 Taf. 70,1, und Bd. I, 3, 3 (1878), S. 185 Taf. 212 r. o. (Nassau-Dillenburg). – Das Wappen von Hanau-Münzenberg war offensichtlich bis auf einen Sparrenrest zerstört. Die restliche Schildfläche nutzte der Initiator der Wiederherstellung des Taufsteins Friedrich Carl Ulrich (1778–1864) zur Anbringung seiner Initialen F. U. mit dem Datum 1847.
267 Rogge, Jörg: Zur Praxis, Legitimation und Repräsentation hochadeliger Herrschaft im mitteldeutschen Raum. Ergebnisse und Perspektiven, in: Hochadelige Herrschaft im mitteldeutschen Raum (1200 bis 1600), hrsg. von Jörg Rogge und Uwe Schirmer, Leipzig/Stuttgart 2003, S. 465–506, hier 476.
268 BKD 18, 1893, S.145. – Roch-Lemmer 2013, S. 10.
269 Zu den Mansfelder Ahnenwappen, die auf dem Heldrunger Taufstein angebracht sind, kamen hier noch die Wappen der Urgroßmütter des Stifters Graf Hoyer hinzu: Gräfin Anna von Stolberg und Fürstin Elisabeth von Anhalt-Zerbst väterlicherseits sowie Jutta von Runkel und Markgräfin Margareta von Baden mütterlicherseits. Zur Abfolge der Wappen s. Anhang I.
270 Roch-Lemmer 2013, S. 11. – BKD 18, 1893, S. 145.
271 Siehe Anm. 171.
272 BKD 9, 1883, S. 44.
273 Siehe Anm. 172.
274 Tempera auf Holz, Höhe 47,5 cm, Breite 38,7 cm. Nach Auskunft von Paul E. Pfisterer vom 2. Juni 2017 sind die Rückseiten beider Bildtafeln für eine Parkettierung geglättet worden und die ursprünglichen Oberflächen daher nicht erhalten. – Ehlers, Ernst: Hans Döring. Ein hessischer Maler des 16. Jahrhunderts, Darmstadt 1919, S. 8 f. – Ernstotto Graf zu Solms: Bildnisse des 16. Jahrhunderts im Schloß zu Laubach, Laubach 1955, S. 10. – Degen, Ulrike: Eheporträts von Ernst II. von Mansfeld und seiner zweiten Gemahlin, in: Un prince de la Renaissance 2007, wie Anm. 190, S. 334–336. – Maier, Sabine und Rüdiger: Der Mansfelder Kreuzigungs-Altar (1518/20). Bildquelle als Spiegel der Reformation. Unterzeichnung und sichtbare Malerei, Regensburg 2018, S. 218–224.
275 Ehlers 1919, wie Anm. 274, S. 9. – Degen 2007, wie Anm. 274, S. 335, erwog die Anbringung eines Bisamapfels.
276 Ehlers 1919, S. 8.
277 Christensen, Sigrid Flamand: Die männliche Kleidung in der süddeutschen Renaissance (= Kunstwissenschaftliche Studien 15), Berlin 1934, S. 23. – Löcher, Kurt: Bildnismalerei des späten Mittelalters und der Renaissance in Deutschland, in: Altdeutsche Bilder der Sammlung Georg Schäfer Schweinfurt, Schweinfurt 1985, S. 49. – Zander-Seidel, Jutta: Textiler Hausrat. Kleidung und Haustextilien in Nürnberg 1500–1650 (= Kunstwissenschaftliche Studien 59), München 1990, S. 228 f. – Siehe auch Nienholdt, Eva: Die deutsche Frauenhaube der Frührenaissance, in: Zeitschrift für historische Waffen- und Kostümkunde 11, NF 2, 1926–1928, S. 102–107.
278 Konstatiert von Suckale, Robert: Die Erneuerung der Malkunst vor Dürer, Petersberg 2009, 1, S. 295, für das um 1490 einsetzende Werk Wolfgang Katzheimers.
279 Beispiele u. a. von dem Nürnberger Meister des Augustiner-Altars (1487), von Jan Polack in München (1490 f.) und von Hans Burgkmair d. Ä. (Hochzeitsbildnis Jakob Fugger und Sybilla Artzt 1498).
280 Zander-Seidel 1990, wie Anm. 277, S. 129 f., 219 f. – Christensen 1934, wie Anm. 277, S. 24 f. – Zum Bildnis vom Monogrammisten TK: Lübbeke, Isolde: Early German painting 1350–1550. The Thyssen-Bornemisza Collection, London 1991, S. 328–333.
281 *Dürer*: Bildnisse von Conrad Celtis auf Widmungsholzschnitten seiner Werke 1501 und 1502: Amor als Topograph. 500 Jahre Amores des Conrad Celtis, Ausst. Bibliothek Otto Schäfer Schweinfurt 2002, Katalog 18, S. 16 und 127. – Bildnis W. Pirckheimers 1503: Winkler, Friedrich: Die Zeichnungen Albrecht Dürers, II, Berlin 1937, Taf. 268. – Porträt Jakob Fuggers des Reichen 1518/1520: Winkler, ebd. III, Berlin 1938, Taf. 571; zum Gemälde zuletzt: Dürer-

ANMERKUNGEN

Cranach-Holbein. Ausst.-Katalog 2011, wie Anm. 292, S. 103. – *Burgkmair*: Bildnis eines vornehmen Mannes 1505/07; Staatsgalerie Stuttgart. Alte Meister, Katalog 1992, S. 66 f. – Porträtholzschnitt Jakob Fuggers 1518; Hans Burgkmair: Das graphische Werk, Ausst.-Katalolg Stuttgart 1973, Nr. 73. – *Cranach d. Ä.*: Katharinen-Altar 1506; Schade 1974, wie Anm. 186, Taf. 33b. – Bildnisse des Kurfürsten Friedrich der Weise 1509–1519, dazu u. a. Hess, Daniel/Mack, Oliver: Friedrich der Weise als Reichsstatthalter: Zum Nürnberger Bildnis aus der Dominikanerkirche, in: Lucas Cranach der Ältere. Meister – Marke – Moderne, Ausst.-Katalog Düsseldorf, München 2017, S. 52–57, hier 54 f. und 116 Kat. 14 (G. Heydenreich). – Markgraf Casimir von Brandenburg-Ansbach 1522; Dürer-Holbein-Cranach 2011, S. 123. – *Holbein d. Ä.*: Votivbild Ulrich Schwarz 1508; Schawe, Martin: Staatsgalerie Augsburg. Altdeutsche Malerei, München 2001, S. 59. – Sebastians-Altar 1516; Lieb, Norbert/Stange, Alfred: Hans Holbein der Ältere, München/Berlin 1960, S. 89 Nr. 147. – *Hans Maler*: Porträts im Maximilianischen Stammbaum 1507 auf Schloß Tratzberg; Moraht-Fromm, Anna: Von einem, der auszog [...], Ostfildern 2016, S. 89. – *Martin Schaffner*: Epitaph der Familie Anweiler 1514 und Bildnis eines Unbekannten ca. 1515; Teget-Welz, Manuel: Martin Schaffner, Ulm/Stuttgart 2008, Abb. 24 und 86.

282 Z. B. Burgkmair: Bildnis der Barbara Schellenberger 1507; Winkler, Friedrich: Zwei neue Bildnisse Burgkmairs, in: Pantheon 13, 1934, S. 169–172. – Hans Krell: Weibliches Bildnis 1529; Von Lucas Cranach bis Caspar David Friedrich. Museum der bildenden Künste Leipzig, Stuttgart 1994, S. 76 f.

283 Mock CVMA XIX, 5, 2021, wie Anm. 244a, S. 121. – Ein Bildnis Graf Albrechts von 1506, das nur in einer Kopie von 1509 überliefert ist, zeigt ihn mit einer aus goldenen und silbernen Schnüren geflochtenen Haube; Würzburg, Martin von Wagner Museum; Gemäldekatalog Martin von Wagner Museum der Universität Würzburg, bearb. von Volker Hoffmann mit Konrad Koppe, Würzburg 1986, S. 52 Nr. 89. Farbige Wiedergabe bei Maier 2018, wie Anm. 274, S. 80 Abb. 64 b.

284 Mock, Markus Leo: Handle with Care! Die Exporte der Nürnberger Hirsvogel-Werkstatt, in: Nürnbergs Glanz. Studien zu Architektur und Ausstattung seiner Kirchen in Mittelalter und Früher Neuzeit, hrsg. von Jiří Fajt, Markus Hörsch und Marius Winzeler (= Studia Jagellonica Lipsiensia 20), Wien/Köln/Weimar 2019, S. 379–397, hier 385 f. mit Taf. XLIVa. – Ders. in CVMA XIX, 5, 2021, wie Anm. 244a, S. 128.

285 Ehlers 1919, wie Anm. 274. – Becker, Emil: Hans Döring, ein Dillenburger Hofmaler des 16. Jahrhunderts, in: Nassauische Annalen 53, 1933, S. 57–78. – Ders.: Die Malerei am Nassau-Dillenburger Grafenhofe vom 15. bis 18. Jahrhundert, in: Nassauische Annalen 69, 1958, S. 94–134, darin 106–122: Graf Wilhelm der Reiche (1555–59) und sein Hofmaler Hans Döring. – S. H.: Döring, Hans (eigtl. Ritter, Hans), in: Allgemeines Künstlerlexikon 28, München/Leipzig 2001, S. 246 f. – Rudolph, Frank: Döring, Hans, in: Biographisch-Bibliographisches Kirchenlexikon XXVIII, Nordhausen 2007, Sp. 453–463. – Mielke, Heinz-Peter: Hans Döring (um 1483–1558). Im Schatten von Lukas Cranach d. Ä. Studien zu einem Renaissancekünstler, Bunsoh 2015. – Eine monografische Darstellung zu Leben, Werk und Arbeitsweise Dörings von Gabriel Dette ist an der TU Darmstadt in Arbeit.

286 Solms 1955, wie Anm. 274, S. 5. – Pfaff, Annette: Studien zu Albrecht Dürers Heller-Altar (= Nürnberger Werkstücke zur Stadt- und Landesgeschichte 7), Nürnberg 1971, S. 109–120, bes. 117–120. – Schulze, Ingrid: Werke aus dem Umkreis Lucas Cranachs d. Ä. in Mansfeld und Eisleben. Ein Beitrag zum frühen Schaffen Hans Dörings, in: Wissenschaftliche Zeitschrift der Martin-Luther-Universität Halle-Wittenberg 41, 1992, G, H. 5, S. 73–87.

287 Becker 1958, wie Anm. 285, S. 108 f. – Schulze 1992, wie Anm. 286, S. 73. – Emmendörffer, Christoph: Die selbständigen Cranachschüler, in: Unsichtbare Meisterzeichnungen auf dem Malgrund. Cranach und seine Zeitgenossen, Regensburg 1998, S. 203–228, hier 206 f.

288 Solms 1955, wie Anm. 274, S. 5. – Meister um Albrecht Dürer, Nürnberg 1961, S. 92 (hier noch Hans Dürer zugeschrieben). – Löcher, Kurt: Albrecht Dürer – seine Schüler und sein Kreis, in: Unsichtbare Meisterzeichnungen 1998, wie Anm. 287, S. 270 und 272 Nr. 26.10.

289 Koepplin und Falk: Lucas Cranach 2, 1976, wie Anm. 186, S. 661 Nr. 576 und S. 662 Nr. 578. – Hey-

289 ...denreich, Gunnar: Lucas Cranach the Elder. Painting materials, techniques and workshop practice, Amsterdam 2007, S. 283.
290 Geierberg, Lucas: Des Wolgebornen vnd Edlen Grauen vnd herrn/Herrn Philipsen/des Eltern/Grauen zu Solms [...] Leben/kürtzlich beschrieben, Marburg 1561. – Rudolph zu Solms-Laubach: Geschichte des Grafen- und Fürstenhauses Solms, Frankfurt a. M. 1865. – Wagner, August: Philipp Graf zu Solms (1468–1544), in: Lich, Vergangenheit und Gegenwart, Lich 1968, S. 184–194.
291 Becker 1958, wie Anm. 285, S. 109, 112.
292 Solms 1955, wie Anm. 274, S. 9 Nr. 1. – Dürer-Cranach-Holbein. Die Entdeckung des Menschen: Das deutsche Porträt um 1500, Ausst.-Katalog Wien/München 2011, S. 132 f. Nr. 70 (Christoph Metzger). – Maier 2018, wie Anm. 274, S. 17, 214–225.
293 Ehlers 1919, wie Anm. 274, S. 12. – Nach den Aufzeichnungen des Priors von Altenberg Petrus Diederich, 1655–1657 Abt von Rommersdorf, handelte es sich um die »S. 421/393« genannte »althartafel«, die das Stift in Altenberg dem Abt Johann V. Urbar von Rommersdorf zur Ausstattung der von ihm am Rommersdorfer Hof in Koblenz errichteten Kapelle »verehrt« hatte.
294 Koppers, W. H. M.: Hans Döring fecit?, Utrecht 1997. – Mielke 2015, wie Anm. 285, S. 15.
295 Pfeiffer, Hanny: Das Altarbild von Niederweidbach. Eine Entgegnung, in: Mitteilungen des Wetzlarer Geschichtsvereins 16, 1954, S. 127–129. – Dittmann, Andreas: Heiligenverehrung am Vorabend der Reformation. Der Altarschrein der Marienkirche zu Niederweidbach, in: 500 Jahre Marienkirche zu Niederweidbach, Wetzlar 2001, S. 33–58. – Rudolph, Frank: Die evangelische Marienkirche in Niederweidbach und ihr Marienaltar, Nordhausen 2009.
296 Ernstotto zu Solms-Laubach: Eine Porträtzeichnung des Grafen Philipp zu Solms von Albrecht Dürer, in: Jahrbuch der Preußischen Kunstsammlungen 58, 1937, S. 182–188, hier 184.
297 Ehlers 1919, wie Anm. 274, S. 12.
298 Junius, Wilhelm: Meister des thüringisch-sächsischen Cranach-Kreises, in: Zeitschrift des Vereins für thüringische Geschichte und Altertumskunde NF 31, 1935, S. 64–112, hier 106.
299 Ehlers 1919, wie Anm. 274, S. 4–7.
300 Schade, Werner: Maler aus dem Umkreis Cranachs, in: Lucas Cranach 1472–1553. Ein großer Maler in bewegter Zeit, Weimar 1972, S. 148–159, hier 150. – Schulze, Ingrid: Religiöse Innerlichkeit und Renaissancehumanismus, in: Bildende Kunst 37, 1989, H. 10, S. 52–55. – Dies. 1992, wie Anm. 286. – Dies.: An der Schwelle zur Reformation. Frühe Werke Hans Dörings in Mansfeld und Eisleben, in: Sachsen-Anhalt. Journal für Natur- und Heimatfreunde 6, Nr. 3, 1996, S. 4–8. – Roch-Lemmer 2013, S. 14–17. – Maier 2018, wie Anm. 274.
301 Schulze 1989, wie Anm. 300, S. 52.
302 Dies. 1992, wie Anm. 286, S. 80, ebenso 1989, wie Anm. 300, S. 54, und 1996, wie Anm. 300, S. 7.
303 Kohnle, Armin: Der Reformationsgraf Albrecht von Mansfeld (1480–1560), in: Von Grafen und Predigern 2014, wie Anm. 150, S. 69–93, hier 76.
304 Aufschlussreiche Vergleichsmöglichkeiten bietet das Bildmaterial bei Maier 2018, wie Anm. 274.
305 Schulze 1992, wie Anm. 286, S. 73: »Vermutlich um 1514 setzte [...] Dörings bisher freilich immer noch nicht mit Sicherheit nachweisbare und offenkundig auch durch anderweitige Aufträge [...] unterbrochene Tätigkeit innerhalb der Grafschaft Mansfeld ein.« Im Gegensatz dazu steht im gleichen Forschungsbeitrag (S. 84), ohne Auflösung des Widerspruchs: »Frühzeitig von Dürer geprägt, empfängt Döring in den folgenden Jahren von Cranach entscheidende Impulse und kehrt danach 1514 zusammen mit dem Grafen Philipp zu Solms vorerst nach Hessen zurück«.
306 Grundlegend noch immer Ehlers 1919, wie Anm. 274. Weitere Einzelheiten bei Emil Becker, s. die folgende Anmerkung. – Jüngst veröffentlicht wurde eine 1544 angefertigte Zeichnung von Döring, die für einen am Reichskammergericht anhängigen Prozess über Grenzstreitigkeiten entstand, in den die Solmser Grafen verwickelt waren; Porezag, Karsten: »... edle gänge an Kupffer Ertz sich reichlich zeigen ...«. Kupfererzbergbau und Kupferhüttenwesen um Wetzlar 1607–1897, Bd. 2, Wetzlar 2017, S. 514 und Abb. 519.
307 Nach den archivalischen Quellen dargestellt von Emil Becker 1933, wie Anm. 285, und 1958, wie Anm. 285.
308 Becker 1958, wie Anm. 285, S. 112. – Kögler, Johannes: Das Bild Friedbergs: Selbstdarstellungen, Pläne und Detailansichten vom 16. bis 20. Jahrhundert, in: Friedberg in Hessen. Die Geschichte der Stadt 1, hrsg. von Michael

ANMERKUNGEN

Keller, Friedberg 1997, S. 248–296, hier 252–259.

309 Becker 1958, S, 112. – Schoenwerk, August: Geschichte von Stadt und Kreis Wetzlar, Wetzlar ²1975, S. 218. Angabe nach (nicht genannten) Quellen, dass Bernhard III. Graf von Solms-Laubach (1466–1547) »die ihm zeitweise anvertraute Verwaltung des Wetzlarer Propstamtes dazu [benutzte], dem Maler [H. Döring] das Schultheißenamt in Wetzlar und damit eine feste Versorgung zu schaffen (1533)«.

310 Becker 1958, S. 66, nahm als sicher an, dass Döring »wie in Laubach, Lich und Braunfels auch in Dillenburg der Porträtmalerei oblag.«

311 Das Gemälde mit den Maßen 62,3 × 39,8 cm ist erst seit 1994 bekannt und befindet sich in unbekanntem Privatbesitz; s. Grimm, Claus in: Lucas Cranach. Ein Malerunternehmer aus Franken (= Veröffentlichungen zur Bayerischen Geschichte und Kultur 26/94), Regensburg 1994, S. 342 f.

312 Solms 1955, wie Anm. 274, S. 9 Nr. 2 und Abb. 2; Ehlers 1919, wie Anm. 274, S. 7 f.

313 Friedländer und Rosenberg 1979, wie Anm. 70, Nr. 133. – Lucas Cranach 1994, wie Anm. 311, S. 329, 331 Nr. 151 (Johannes Erichsen). – Hl. Willibald 787–1987. Ausst.-Katalog Eichstätt 1987, S. 162 f. (Claudia Grund). – Wendehorst, Alfred: Das Bistum Eichstätt. Die Bischofsreihe bis 1535 (= Germania Sacra NF 45), Berlin/New York 2006, S. 261, 265.

314 Werner Schade 1974, wie Anm. 186, S. 64, hatte als erster die Schenkung durch Kurfürst Friedrich den Weisen »im Zusammenhang mit dem Vorgehen Bischof Gabriels von Eyb in der Sache Luthers« vermutet. »Wohl in Voraussicht der Entschlossenheit Eybs – er veröffentlichte am 29. Oktober 1520 als erster deutscher Bischof die von Eck aus Rom überbrachte Bannandrohungsbulle gegen Luther – war das Geschenk Friedrichs des Weisen gedacht«. Dieser Vermutung ist die Forschung bis heute im Wesentlichen gefolgt. Siehe u. a. Koepplin und Falk 2, 1976, wie Anm. 186, S. 69. – Grund 1987, wie Anm. 313. – Tacke, Andreas: Der katholische Cranach. Zu zwei Großaufträgen von Lucas Cranach d. Ä., Simon Franck und der Cranach-Werkstatt (1520–1540) (= Berliner Schriften zur Kunst 2), Mainz 1992, S. 42–44. – Erichsen 1994, wie Anm. 313, S. 331. – Wendehorst 2006, wie Anm. 313, S. 261. – Merkel, Kerstin: Das Bewährte bewahren – Bischof Gabriel von Eyb, Loy Hering und die Grabdenkmäler im Eichstätter Dom, in: Kunst und Konfession. Katholische Auftragswerke im Zeitalter der Glaubensspaltung 1517–1568, Regensburg 2008, S. 172–190, hier 174. – Der Annahme, Friedrich der Weise wäre der Empfänger des Geschenks gewesen, widerspricht aber das dargestellte sächsische Wappen, bei dem es sich nicht um das zu erwartende kurfürstlich sächsische, sondern das um das herzoglich sächsische handelt.

315 Grimm, Claus in: Lucas Cranach 1994, wie Anm. 311. Zuletzt: Hofbauer, Michael: Cranach – Die Zeichnungen, Berlin 2010, S. 270.

316 Brinkmann, Bodo in: Cranach der Ältere. Ausst.-Katalog Frankfurt a. M. und London, Frankfurt a. M. 2007, S. 282 Kat. 80.

317 Solms-Laubach 1865, wie Anm. 290, S. 178. – Ausführlich mit den Quellen: Timm, Frederike: Der Palästina-Pilgerbericht des Bernhard von Breidenbach und die Holzschnitte Erhard Reuwichs. Die Peregrinatio in terram sanctam (1486) als Propagandainstrument im Mantel der gelehrten Pilgerschrift, Stuttgart 2006, S. 60–65.

318 Das von Erhard Reuwich ausgeführte Porträt ist nicht erhalten. Zur Aufnahme in Lich: Timm 2006, wie Anm. 317, S. 301.

319 Solms 1955, wie Anm. 274, S. 9 Nr. 3 und Abb. 3. – Ehlers 1919, wie Anm. 274, S. 9 f.

320 Heck, Kilian: Ahnengalerie, in: Höfe und Residenzen im spätmittelalterlichen Reich. Bilder und Begriffe, Teilband 1: Begriffe (= Residenzenforschung 15,II), Ostfildern 2005, S. 271–273. – Löcher, Kurt: Barthel Beham. Ein Maler aus dem Dürerkreis (= Kunstwissenschaftliche Studien 81), Berlin 1999, S. 135.

321 Bezeichnende Beispiele sind die Pfalzgrafengalerie von 1515 für den Hof Bischof Philipps von Freising von Hans Wertinger, die Familiengalerie Pfalzgraf Ottheinrichs von 1531/32 für Neuburg a. d. Donau von Peter Gertner und die beiden Wittelsbacher Porträtserien aus den Jahren 1530–1533 und 1535/36 von Barthel Beham. Siehe Ehret, Gloria: Hans Wertinger. Ein Landshuter Maler an der Wende der Spätgotik zur Renaissance (= tuduv Studien. Reihe Kulturwissenschaften 5), München 1976. – Wagini, Susanne: Ottheinrichs Porträtgalerie in der »Runden Stube« des Schlosses Neuburg an der Donau (= Schriften aus dem Institut für Kunstgeschichte der

Univ. München 20), München 1987. – Löcher, Kurt: Peter Gertner – ein Nürnberger Meister als Hofmaler des Pfalzgrafen Ottheinrich in Neuburg an der Donau, in: Neuburger Kollektaneenblatt 141, 1993, S. 5–133, bes. 98 ff. – Löcher 1999, wie Anm. 320, S. 135–167.
322 Solms 1955, wie Anm. 274, S. 10 f.
323 Solms-Laubach 1865, wie Anm. 290, S. 179, 239–245.
324 Ebd. S. 179, 485–494.
325 Die Begleichung der Rechnung für die Bilder von H. Döring (s. Anm. 322) erfolgte 1541 auf seine Anweisung,
326 Thiel, Ursula B.: Der Bildhauer und Medaillenschneider Dietrich Schro und seine Werkstatt in Mainz (1542/44–1572/73) (= Quellen und Abhandlungen zur mittelrheinischen Kirchengeschichte 134), Mainz 2014, S. 82–94, Kat. S. 450–458. – Brücker, Wolfgang: Conrad Faber von Creuznach (= Schriften des Historischen Museums Frankfurt a. M. XI), Frankfurt a. M. 1963, S. 61–66, Kat. S. 190 Nr. 34.
327 Ehlers 1919, wie Anm. 274, S. 9 und 78 f., glaubte, die beiden Porträts seien »Höchstwahrscheinlich in Mansfeld gemalt [worden] nicht in Laubach.« Dagegen hat Oskar Gessert nach der Mitteilung von Becker 1958, wie Anm. 285, S. 110 Anm. 60a, »behauptet, es liege kein zwingender Grund dafür vor« und gemeint, »daß sie wie die beiden andern [die Bildnisse Philipps 1520 und Johanns 1528], die sich alle vier jetzt in Laubach befinden, in einer der Residenzen der Solmser Grafen entstanden sind.«
328 Ehlers 1919, wie Anm. 274, S. 9, sah in der Feier des fünfzehnjährigen Bestands ihrer Ehe einen möglichen Anlass.
329 Zu den Lebensdaten der im Folgenden genannten Familienmitglieder s. Schwennicke, Detlev: Europäische Stammtafeln. Neue Folge XVII. Hessen und das Stammesherzogtum Sachsen, Frankfurt a. M. 1998, Taf. 39 und 43.
330 Siehe oben S. 44.
331 Zum Vergleich sei nur auf die Architektur vieler Epitaphe von Loy Hering verwiesen, s. Reindl 1977, wie Anm. 169.
332 Außer den S. 47 genannten Beispielen s. auch: Luther, Johannes: Die Titeleinfassungen der Reformationszeit, Leipzig 1909–1911 (ND Hildesheim/New York 1973), Taf. 22, 29, 31, 33–37, 39, 42, 47, 51, 58, 74, 75, 78.
333 Habich, Schaumünzen I, 1, wie Anm. 166, S. 58 Nr. 359 und Abb. 74. – Ders.: Studien zur deutschen Renaissancemedaille IV. Christoph Weiditz, in: Jahrbuch der Königlich Preußischen Kunstsammlungen 34, 1913, S. 1–35, hier 7 f. – Lillie, Sophie: Was einmal war. Handbuch der enteigneten Kunstsammlungen Wiens, Wien 2003, S. 1088 Nr. 2658. Das Relief befand sich bis 1939 in der Sammlung von Alphonse Freiherr von Rothschild, Wien; Verbleib unbekannt.
334 Beide Teile besitzen einen gleichartigen, aus einem niedrigen Brüstungsstreifen gebildeten Sockel, an dem jeweils die gleiche Jahreszahl · M · D · XXVII · angebracht ist, während die Namen der Dargestellten sich in einer über ihrem Kopf aufgehängten Tabula ansata befinden: (links) IACOB · HERBROT / SEINES · ALTERS · 32 · IOR · | (rechts) MARINA KRAFTERĪ / SEIN · GEMAHEL / · 26 · IOR · ALT ·. – Zu Jakob Herbrot: Hecker, Paul: Der Augsburger Bürgermeister Jakob Herbrot und der Sturz des zünftischen Regiments in Augsburg, in: Zeitschrift des Historischen Vereins für Schwaben und Neuburg 1, 1874, S. 34–98. – Häberlein, Mark: Jakob Herbrot 1490/95–1564. Großkaufmann und Stadtpolitiker, in: Lebensbilder aus dem Bayerischen Schwaben 15, 1997, S. 69–111.
335 Siehe oben S. 49.
336 Angabe in den Inventaren von 1746 und 1754/55 s. oben Anm. 175.
337 Ortsangabe in den gleichen Inventaren von 1746 und 1754/55; s. auch oben S. 44.
338 Zum »Schlüsselwort« der Epoche grundlegend: Müller, Jan-Dirk: Gedechtnus. Literatur und Hofgesellschaft um Maximilian I. (= Forschungen zur Geschichte der älteren deutschen Literatur 2), München 1982.
339 Kaiser Maximilians I. Weisskunig, hrsg. von Heinrich Theodor Musper in Verbindung mit Rudolf Buchner, Heinz Otto Burger und Erwin Petermann, II: Textband, Stuttgart 1956, S. 226.
340 Dülberg, Angelica: Privatporträts. Geschichte und Ikonologie einer Gattung des 15. und 16. Jahrhunderts, Berlin 1990, S. 169.
341 Schuster, Peter-Klaus: Überleben im Bild. Bemerkungen zum humanistischen Bildnis der Lutherzeit, in: Köpfe der Lutherzeit, Ausst.-Katalog, Hamburg 1983, S. 18–25. – Schmid 1999, wie Anm. 189.
342 Knappe Übersicht bei Smith 2004, wie Anm. 169.
343 Grotemeyer, Paul: »Da ich het die gestalt«. Deutsche Bildnismedaillen des 16. Jahrhunderts, München

ANMERKUNGEN

1957, S. 23 ff. – Die ältere Forschung zusammenfassend: Kastenholz 2006, wie Anm. 31, S. 29–33. Zuletzt einschlägige Beiträge in: Wettstreit in Erz, wie Anm. 165, bes. S. 185 ff. (Annette Kranz), 197 ff. (Hermann Maué).

344 Mende, Matthias: Dürer-Medaillen. Münzen, Medaillen, Plaketten von Dürer, auf Dürer, nach Dürer, Nürnberg 1983, S. 20.

345 Hirsch, Martin: Anlässe und Funktionen, in: Wettstreit in Erz, wie Anm. 165, S. 129–131, hier 129 Zitat von Johann David Köhler.

346 Habich, Schaumünzen I, 1, wie Anm. 166, S. 114 Nr. 778; Grotemeyer 1957, wie Anm. 343, S. 15. – Wilhelm Ganzhorn (1504–1568) war fürstbischöflich-würzburgischer Rat und Diener. Er ehelichte 1536 Sabina Maierin.

347 Roch 1980, S. 8; ²1989, S. 6.

348 Ebd.

349 Hünicken 1936, wie Anm. 58, S. 41.

350 Siehe oben S. 14.

351 Beispiele u. a. von Hans Schwarz, Relief einer Grablegung Christi 1516; Kastenholz 2006, wie Anm. 31, S. 90 Kat. Nr. 6. – Hans Daucher, Schildhalter am Hochaltar in Annaberg 1521; Kiesewetter, Arndt: Der Hauptaltar in der St. Annenkirche zu Annaberg und die Augsburger Daucher-Werkstatt (= Arbeitshefte des Landesamtes für Denkmalpflege Sachsen 31), Dresden 2022, Abb. 4, 37 und 59. – Augsburger Riss eines Altars, 2. Jahrzehnt 16. Jahrhundert; Falk, Tilman: Katalog der Zeichnungen des 15. und 16. Jahrhunderts im Kupferstichkabinett Basel, Teil 1, Basel/Stuttgart 1979, S. 160 Nr. 693, Taf. 144.

352 Schloss Seeburg, Inschrift am Erker des Rittersaalgebäudes 1518; Bartzsch und Schmidt 2006, wie Anm. 74, Abb. 2; s. in vorliegender Studie Abb. 24.

353 Augsburg: Die randfassende Volutenranke gehörte sicher zum Formenrepertoire der Daucher-Werkstatt, wie ihre Verwendung an der Schrifttafel *Dominus deus nostri Miserere* unter dem in Augsburg entstandenen Beweinungsrelief in Meißen belegt; s. Abb. 109 und Anm. 356. – Eichstätt: Dom, Wetzhausen-Seckendorff-Epitaph 1519/20, Wolfstein-Epitaph um 1520, Limburg-Epitaph gegen 1521, Wetzhausen-Denkmal 1524, Freyer-Epitaph 1524; Reindl 1977, wie Anm. 169, S. 287 Kat. A15, 290 Kat. A17, 291 Kat. A18, 303 Kat. A32, 305 Kat. A33. – Mainz: Dom, Denkmal für Uriel von Gemmingen, Peter Schro 1517, und Christus-Thomas-Gruppe, ders. um 1521, Kreuzigungsgruppe bei St. Ignaz, ders. um 1520; Kniffler, Gisela: Die Grabdenkmäler der Mainzer Erzbischöfe vom 13. bis zum frühen 16. Jahrhundert. Untersuchungen zur Geschichte, zur Plastik und zur Ornamentik, Köln/Wien 1978, S. 128, 273; Lühmann-Schmid, Irnfriede: Peter Schro. Ein Mainzer Bildhauer und Backoffen-Schüler, in: Mainzer Zeitschrift 70, 1975, S. 1–62, hier 24 und 33.

354 Frühe Beispiele u. a. in Nürnberg in Holzschnitten von Hans Springinklee für den »Hortulus animae« 1518; Bartrum, Giulia: German Renaissance Prints 1490–1550, London 1995, S. 85 Nr. 74d (Hl. Margarete). – Albrecht Altdorfer, Die »Schöne Marie« von Regensburg, 1519, dazu zwei Marien-Stiche aus gleicher Zeit; Mielke, Hans: Albrecht Altdorfer. Zeichnungen, Deckfarbenmalerei, Druckgraphik, Ausst.-Katalog Berlin/Regensburg, Berlin 1988, Nr. 115 sowie Nr. 111 und Nr. 113. – Spätestens in den 1520er Jahren findet sich das Volutenrankenmotiv auch in Holzschnitten von Cranach d. Ä. und seiner Werkstatt: Bildnis König Christians II. von Dänemark 1523 und Titelblätter zu Luthers Auslegungen der Propheten 1526; Lucas Cranach d. Ä. 1472–1553. Das gesamte graphische Werk. Mit Exempeln aus dem graphischen Werk Lucas Cranach d. J. und der Cranachwerkstatt, Einleitung Johannes Jahn, München/Berlin 1972, S. 406, 437.

355 Halle, Moritzburg, Weihetafel in der Maria-Magdalenen-Kapelle 1514, und Große Weihetafel 1523 von Peter Schro im Dom; Der Kardinal. Albrecht von Brandenburg, Renaissancefürst und Mäzen, 2: Essays, hrsg. von Andreas Tacke, Regensburg 2006, S. 233 und 237.

356 Meißen, Dom, Schrifttafel am Portal der Grabkapelle Herzog Georgs von Sachsen, Daucher-Werkstatt 1519/21; Krause, Hans-Joachim: Die Grabkapelle Herzog Georgs von Sachsen und seiner Gemahlin am Dom zu Meißen, in: Das Hochstift Meißen. Aufsätze zur sächsischen Kirchengeschichte, hrsg. von Franz Lau (= Herbergen der Christenheit, Sonderband), Berlin 1973, S. 375–403, hier 389.

ANHANG I

MANSFELD, SCHLOSSKIRCHE
Abfolge der Wappen auf dem Gitter zwischen Schiff und Altarraum in der Ansicht vom Altarraum (Nummerierung von Westen [links] nach Osten [rechts])

Nr. 1 = Wappenbild 1 Grafschaft Mansfeld
Nr. 2 = Wappenbild 2 Margareta von Baden (1404–1442) = 2. UGM m
Nr. 3 = Wappenbild 3 Jutta von Runkel († 1418) = 1. UGM m
Nr. 4 = Wappenbild 4 Agnes von Nassau (1439–1485) = GM m
Nr. 5 = Wappenbild 5 Susanna von Bickenbach (1469–1530) = Mutter

Nr. 6 = Wappenbild 6 Elisabeth von Anhalt-Zerbst (1385–nach November 1413) = 2. UGM v
Nr. 7 = Wappenbild 7 Anna von Stolberg-Wernigerode († 1436) = 1. UGM v
Nr. 8 = Wappenbild 8 Anna von Honstein (um 1415–vor 1450) = GM v
Nr. 9 = Wappenbild 9 Albrecht III. von Mansfeld († 1484) = Vater

Nr. 10 = Wappenbild 2 Margareta von Baden (1404–1442) = 2. UGM m
Nr. 11 = Wappenbild 3 Jutta von Runkel († 1418) = 1. UGM m
Nr. 12 = Wappenbild 4 Agnes von Nassau (1439–1485) = GM m
Nr. 13 = Wappenbild 5 Susanna von Bickenbach (1469–1530) = Mutter

Nr. 14 = Wappenbild 10 Hoyer III. von Mansfeld (1482–1540) = Stifter

Nr. 15 = Wappenbild 9 Albrecht III. von Mansfeld († 1484) = Vater
Nr. 16 = Wappenbild 8 Anna von Honstein (um 1415–vor 1450) = GM v
Nr. 17 = Wappenbild 7 Anna von Stolberg-Wernigerode († 1436) = 1. UGM v
Nr. 18 = Wappenbild 6 Elisabeth von Anhalt-Zerbst (1385–nach November 1413) = 2. UGM v

Nr. 19 = Wappenbild 5 Susanna von Bickenbach (1469–1530) = Mutter
Nr. 20 = Wappenbild 4 Agnes von Nassau (1439–1485) = GM m
Nr. 21 = Wappenbild 3 Jutta von Runkel († 1418) = 1. UGM m
Nr. 22 = Wappenbild 2 Margareta von Baden (1404–1442) = 2. UGM m
Nr. 23 = Wappenbild 1 Grafschaft Mansfeld

UGM m = Urgroßmutter mütterlicher Linie
GM m = Großmutter mütterlicher Linie

UGM v = Urgroßmutter väterlicher Linie
GM v = Großmutter väterlicher Linie

Wappenbild 10 Hoyer III. von Mansfeld. Links: Vorderseite vom Schiff; rechts: Rückseite vom Altarraum

ANHANG I

Ansicht des Gitters vom Altarraum

Wappenbild 9

Wappenbild 8

Wappenbild 7

Wappenbild 6

Wappenbild 5

Wappenbild 4

Wappenbild 3

Wappenbild 2

Wappenbild 1

Kleine Hefte zur Denkmalpflege 16   109

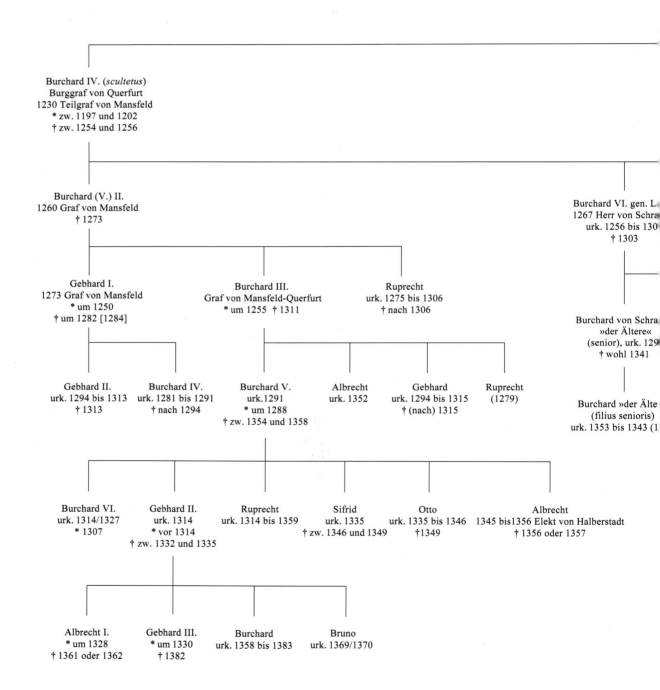